Kinderschutz in der Pflegekinderhilfe

Soziale Praxis

Herausgegeben vom
Institut für soziale Arbeit e. V.
Münster

Monika Althoff, Maren Hilke

Kinderschutz in der Pflegekinderhilfe

Bedeutung und Herausforderungen für
die Fremdpflege und Verwandtenpflege

Waxmann 2016
Münster • New York

Gefördert vom Ministerium für Familie, Kinder, Jugend, Kultur und
Sport des Landes Nordrhein-Westfalen

Bibliografische Informationen der Deutschen Nationalbibliothek
Die Deutsche Nationalbibliothek verzeichnet diese Publikation in
der Deutschen Nationalbibliografie; detaillierte bibliografische
Daten sind im Internet über http://dnb.d-nb.de abrufbar.

Soziale Praxis

ISSN 0932-416X
Print-ISBN 978-3-8309-3370-0
E-Book-ISBN 978-3-8309-8370-5

© Waxmann Verlag GmbH, Münster 2016
Steinfurter Straße 555, 48159 Münster

www.waxmann.com
info@waxmann.com

Umschlaggestaltung: Pleßmann Design, Ascheberg
Titelbild: Toddler girl holding hands with her father, Urheber: Melpomene – fotolia.com
Satz: Sven Solterbeck, Münster

Gedruckt auf alterungsbeständigem Papier,
säurefrei gemäß ISO 9706

Printed in Germany

Danksagung

Wir bedanken uns sehr herzlich bei den Pflegeeltern, die uns ein Interview gegeben und so einen persönlichen Einblick in die Pflegekinderhilfe ermöglicht haben. Ebenso danken wir den Fachkräften in der Pflegekinderhilfe, die sich Zeit für unsere Fragen genommen und ausführlich von ihren professionellen Erfahrungen berichtet haben. Für uns waren auch die Expertinnen und Experten in den Workshops sehr hilfreich, die mit uns im ersten Workshop Thesen, die den Kinderschutz in der Pflegekinderhilfe unterstützen, erarbeitet haben und die im zweiten Workshop mit uns einen Tag lang über die Fremdpflegehilfe diskutiert haben. Des Weiteren gilt unser Dank dem Ministerium für Familie, Kinder, Jugend, Kultur und Sport des Landes Nordrhein-Westfalen, das unser Projekt gefördert hat, und dem Deutschen Kinderschutzbund Landesverband Nordrhein-Westfalen als Unterstützer in diesem Projekt und als unserem Kooperationspartner im Kompetenzzentrum Kinderschutz. Dr. Erwin Jordan, Julia Pudelko, Jutta Gröning und Lea Goetz haben Anregungen zum Text gegeben und Fabian Beyer hat eine Grafik erstellt, auch ihnen gilt unser Dank.

Inhalt

Vorwort

Liebe Leserinnen und Leser,

Kinder und Jugendliche haben das Recht darauf, gesund und sicher aufzuwachsen und in ihrer Entwicklung zu eigenständigen und gemeinschaftsfähigen Persönlichkeiten gefördert zu werden. Dazu gehört auch der Schutz vor Verwahrlosung, Misshandlung und Gewaltanwendung. So formuliert es die Kinderrechtskonvention der Vereinten Nationen von 1989.

Nordrhein-Westfalen bekennt sich zu seiner besonderen Verantwortung für Kinder und Jugendliche und hat die Rechte der Kinder bereits 2002 in die Landesverfassung aufgenommen. Mit dem Kompetenzzentrum Kinderschutz hat die Landesregierung zudem eine Fachstelle geschaffen, die dazu beiträgt, den Kinderschutz fortlaufend zu fördern und weiter zu verbessern.

Das Projekt „Kinderschutz in der Pflegekinderhilfe" des Kompetenzzentrums richtet den Blick darauf, wie der Kinderschutz in Pflegefamilien gewährleistet werden kann. Das ist besonders wichtig, da für die Pflegekinderhilfe bisher keine Empfehlungen für den Kinderschutz vorliegen. Kindern und Jugendlichen, die nicht bei ihren Eltern aufwachsen können, ein neues Zuhause und ein stabiles, familiäres Umfeld zu geben, ist eine herausfordernde Aufgabe. In schwierigen Situationen brauchen alle Beteiligten Unterstützung: In erster Linie ist der Schutz von Kindern und Jugendlichen zu gewährleisten. Damit das gelingt, ist es wichtig, dass die Akteure der einzelnen Arbeitsfelder und unterschiedlichen Ebenen zusammenarbeiten.

Die Ergebnisse des Projektes zeigen auf, wie der Kinderschutz in Pflegefamilien erfolgreich sein kann, welche Anforderungen dabei an die Fachkräfte gestellt werden und welche Kooperationen notwendig sind. Die Ergebnisse sollen Fachkräften in der Pflegekinderhilfe Impulse geben und einen Beitrag zur Qualifizierung des Kinderschutzes in der Pflegekinderhilfe leisten.

Ich danke allen, die an der Erarbeitung dieser Ergebnisse mitgewirkt haben. Sie werden eine wichtige Orientierungshilfe für die praktische Arbeit zum Schutz unserer Kinder sein.

Christina Kampmann
Ministerin für Familie, Kinder, Jugend, Kultur und Sport
des Landes Nordrhein-Westfalen

1 Einleitung

Kinderschutz und Pflegekinderhilfe sind zwei Themen, die immer schon zusammen gedacht worden sind. Pflegefamilien sind Orte, an denen Kinder und Jugendliche Schutz und Hilfe erfahren. Sie kommen aus problembelasteten Familien und haben Erfahrungen mit Vernachlässigung und Gewalt in der Familie gemacht. Veranlasst durch den Handlungsauftrag des Jugendamts, basierend auf dem staatlichen Wächteramt, haben die Fachkräfte des öffentlichen Trägers dafür Sorge getragen, dass Kinder und Jugendliche in Pflegefamilien bessere Bedingungen des Aufwachsens als in der Herkunftsfamilie erleben können. Auf den ersten Blick hat die Tatsache, dass Kinder und Jugendliche auch in Pflegefamilien geschützt werden müssen, etwas Beunruhigendes. Kindler spricht von etwas Irritierendem, wenn es um eine Gefährdung oder um einen Verdacht der Gefährdung durch Pflegeeltern geht (vgl. Kindler 2014: 17). Pflegefamilien sollen Sicherheit bieten und Fachkräften[1] die Gewissheit vermitteln, dass die Kinder und Jugendlichen nicht weiterhin belastenden Lebensumständen oder Gefahren ausgesetzt sind. Pflegeeltern haben sich dazu entschieden, ein Pflegekind aufzunehmen. Sie kommen ihrer Aufgabe häufig mit großem Engagement und manchmal Idealismus nach, um Kindern ein wünschenswertes und ermutigendes Familienleben zu zeigen. Pflegefamilien sind Teil der Hilfe und werden von fachlicher Seite – oft dringend – gebraucht. Aber auch ein wohlwollender Blick auf Pflegefamilien darf nicht zu einer Überhöhung der Hilfeform oder einer verzerrten Wahrnehmung der Familiensituation führen, die kritisches Nachfragen ausblendet. Es hilft, einen etwas nüchterneren Blick auf Pflegefamilien zu werfen. Pflegefamilien möchten wie alle anderen Familien gesehen werden, in denen es im Zusammenleben der Familienmitglieder manchmal zu Schwierigkeiten kommen kann, da Lebenssituationen sich verändern. Zufriedenheit und ein Miteinander wechseln sich mit Phasen der Krise durch Belastungen und Überforderung ab. Und so bitter wie die alte Erkenntnis ist, dass viele Kinder und Jugendliche in Familien vernachlässigt werden und Gewalt erleben, ist es eine Thematik, die in *allen* Familien auftreten kann, was sich nicht zuletzt in den öffentlich bekannt gewordenen Fällen zeigt. Im Jahr 2008 gab es die ersten Presseberichte zum Fall „Talea aus Wuppertal", darauf folgte 2010 „Anna aus Königswinter" und 2012 „Chantal aus Hamburg". Kinderschutz muss somit auch in der Pflegekinderhilfe thematisiert werden.

---

1 Mit Fachkräften sind Sozialarbeiter/innen, Sozialpädagog/inn/en und Pädagog/inn/en u. ä. gemeint, die bei freien und öffentlichen Trägern der Kinder- und Jugendhilfe tätig sind.

In der Verwandtenpflege ist der Ausgangspunkt ein anderer. Das oben beschriebene Irritierende und Beunruhigende, dass Kinder auch in Pflegefamilien geschützt werden müssen, stellt sich mit Blick auf die Verwandtenpflege völlig anders dar. In der fachlichen Wahrnehmung wird die Verwandtenpflege vielfach eher kritisch gesehen. Die Frage nach dem Kinderschutz scheint in dieser Hilfeform direkt mitzuschwingen und ein zentrales Thema zu sein. Das schlechte Bild und eine daraus resultierende schlechtere Behandlung gegenüber der Fremdpflege (vgl. Blandow 2006) entstehen durch den direkten Vergleich der beiden Formen, obwohl diese wenig miteinander gemein haben.

Bei der Verwandtenpflege leben Pflegekinder z. B. bei den Großeltern, Tanten und Onkeln oder bei Geschwistern und die leiblichen Eltern sind oftmals weiterhin erreichbar für die Kinder. Die Pflegeeltern haben ein Interesse daran, dass ihr Enkelkind, ihre Nichte oder ihr Neffe, ihre Schwester oder ihr Bruder bei ihnen aufwächst und dass es dem Kind gut geht. Sie sehen sich nicht als Teil der öffentlichen Erziehung und gestalten die Aufwachs- und Lebensbedingungen, die sie den Kindern anbieten können, so, wie sie es für richtig erachten. Einerseits kann Verwandtenpflege für Kinder eine wunderbare Ressource und ein alternativer Ort des Aufwachsens sein, ohne dass die Trennung von den leiblichen Eltern ein gravierender Einschnitt in ihr Leben bedeutet. Andererseits kann Verwandtenpflege ein Arrangement sein, bei dem Kinder an einem anderen Lebensort mit verwandten Pflegeeltern aufwachsen, welches die Kinder aber kaum aus „suboptimalen Verhältnissen" herausholt (Blandow 2006: 25) und kaum weitere Entwicklungschancen bietet. Zwischen diesen beiden Polen bewegen sich vermutlich die meisten Verwandtenpflegeverhältnisse. Allerdings ist nur knapp jedes dritte Verwandtenpflegeverhältnis in der Kinder- und Jugendhilfe bekannt (vgl. ebd.: 2) und hat damit eine Anbindung zu Hilfe und Unterstützung durch den öffentlichen Träger.

Auch in der Verwandtenpflegehilfe, also noch jenseits des Pols der „suboptimalen Verhältnisse", finden sich Pflegefamilien, in denen Pflegekinder (erneut) Vernachlässigung und/oder Gewalt erfahren und deshalb der öffentliche Träger eingreifen muss. Das Thema Kinderschutz in der Verwandtenpflege bedeutet deshalb hier unter anderem, dass Fachkräfte von der Vernachlässigung und Gewalt erfahren müssen, um handeln zu können. Ein wichtiger Schritt ist, dass sie – wenn keine akute Gefahr droht – zunächst einen Zugang zu den Verwandtenpflegeeltern und dem ganzen Familiensystem finden und diese motivieren, Hilfe anzunehmen.

2 Darstellung des Projektes Kinderschutz in der Pflegekinderhilfe

2.1 Ausgangslage, Forschungsfragen und Ziele

Das Kompetenzzentrum Kinderschutz in Nordrhein-Westfalen[2] hat die Aufgabe, Projekte zu initiieren und durchzuführen, die die Qualitätsentwicklung im Kinderschutz fördern. In dem hier vorgestellten Projekt „Kinderschutz in der Pflegekinderhilfe" (06/2013 – 06/2015) wurde der Kinderschutz in einem Arbeitsfeld thematisiert, das eine Hilfe zur Erziehung nach § 33 SGB VIII darstellt.

Es hat sich gezeigt, dass das Thema Kinderschutz in Pflegefamilien im Fachdiskurs der Kinder- und Jugendhilfe bisher kaum eine Rolle gespielt hat. Trotz der oben erwähnten öffentlich gewordenen Fälle wurde das Thema Kinderschutz in Pflegefamilien in der Fachliteratur allerdings zunächst nicht explizit behandelt. Neben den Fallanalysen (vgl. dazu z. B. Schrapper 2013) gibt es nur vereinzelte Veröffentlichungen, die das Thema am Rande bearbeiten. Auch Kindler stellt zu Beginn seines Aufsatzes „Kinderschutz in Pflegefamilien" fest, dass das Thema bisher kaum behandelt wurde und verdeutlicht dies u. a. an der Veröffentlichung „Handbuch Pflegekinderhilfe" vom DJI (Kindler, Helmig, Meysen, Jurczyk 2011) in der „Fragen zum Kinderschutz in Pflegefamilien gerade einmal in drei Fußnoten (z. B. zu Überprüfungspflichten von Jugendämtern) ausdrücklich angesprochen" (Kindler 2014: 17) werden. Es scheint sich allerdings langsam eine Diskussion zu entwickeln, die als zeitverzögerte Reaktion auf die öffentlich gewordenen Fälle gedeutet werden kann. Außerdem kann dies auf den zunächst beunruhigenden Sachverhalt hinweisen, dass Kinder auch in Pflegefamilien geschützt werden müssen. Ein erster Schritt ist folglich, diese Thematik als bedeutend anzunehmen. Dies stellt den Ausgangspunkt des vorliegenden Buches dar.

Es wurde ausgehend davon schnell deutlich, dass die beiden Themen, Kinderschutz und Pflegekinderhilfe, verknüpft werden müssen. Je nachdem aus welchem Blickwinkel man schaut, ergeben sich spezifische Fragen. Auf der einen Seite stellen sich die Fragen, wie sich die Hilfeform der Pflegefamilie darstellt und welche spezifischen Anforderungen die Fachkräfte bewältigen müssen, und auf der anderen Seite ergeben sich die Fragen, wie der Kinderschutz im Kontext der Kinder- und Jugendhilfe gewährleistet werden kann und welche Anforderungen dabei an die Fachkräfte herangetragen werden. Hier ist zu hinterfragen, ob sich der Kinderschutz in der Pflegekinderhilfe zu dem in anderen Familien

---

2 Nähere Informationen zum Kompetenzzentrum Kinderschutz sind unter www. kinderschutz-in-nrw.de zu finden.

unterscheidet und welche besonderen Aspekte es zu beachten gibt. Wie kann eine drohende Gefährdung frühzeitig erkannt und eingeschätzt werden und welche Schritte sind aus den gesetzlichen Vorgaben zu beachten und umzusetzen? Besteht die Möglichkeit, bei drohender Gefährdung die Pflegeeltern intensiver zu unterstützen und den im Hilfeplangespräch eingeschlagenen Weg beizubehalten oder braucht das Kind oder der Jugendliche den Schutz der Fachkräfte und eine andere Hilfe ist notwendig?

Ein Ziel des Projektes bestand darin, den Kinderschutz in den Pflegefamilien in den Blick zu nehmen und konkret darzustellen, was zu tun ist, d. h. was es für das Handeln und die Haltung der Fachkräfte bedeutet und welche strukturellen Voraussetzungen notwendig sind. Darüber hinaus werden für den Kinderschutz in der Pflegekinderhilfe notwendige Rahmenbedingungen identifiziert und diese als Empfehlungen formuliert.

Im Projektverlauf hat sich gezeigt, dass die Fremd- und Verwandtenpflege im System der Pflegekinderhilfe gesondert betrachtet werden müssen. Daher wurde sich in der ersten Projektphase zunächst mit der Fragestellung beschäftigt, welche besonderen Aspekte des Kinderschutzes in den Fremdpflegeverhältnissen zu beachten sind (Teil A). Im Anschluss daran wurden der Kinderschutz in der Verwandtenpflegehilfe in den Fokus genommen sowie, die Ergebnisse der Fremdpflegeverhältnisse mit der Verwandtenpflege in Zusammenhang gebracht und auf ihre Übertragbarkeit geprüft (Teil B).

Das Buch richtet sich an Fachkräfte der Sozialen Arbeit, die bei öffentlichen oder freien Trägern arbeiten und die im Kinderschutz oder in der Pflegekinderhilfe tätig sind. Pflegekinderdienst meint hier sowohl öffentliche als auch freie Träger, die für die Auswahl und Vorbereitung, Begleitung und Beratung der Pflegefamilie und Begleitung der Pflegekinder zuständig sind. Für Fachkräfte im Kinderschutz, u. a. auch Kinderschutzfachkräfte, kann das Buch einen Beitrag leisten, das Wissen zur Pflegekinderhilfe zu ergänzen und umgekehrt können Fachkräfte in der Pflegekinderhilfe ihr Wissen zum Kinderschutz erweitern. Die Empfehlungen sollen als Denk- und Praxisanregungen verstanden werden.

In der Bearbeitung des Themas hatten wir einen bestimmten ,Typ Pflegefamilie' vor Augen. Pflegekinder, die einen Migrationshintergrund haben oder Pflegekinder mit einer Behinderung wurden nicht gesondert in den Blick genommen. Auch das Alter der Pflegekinder wurde nicht differenziert betrachtet. Aus dem Kinderschutz wissen wir, dass z. B. für Säuglinge, also für sehr junge Kinder, die Form der körperlichen Vernachlässigung besondere Beachtung benötigt und deshalb hier anderes Wissen notwendig ist als bei jugendlichen Pflegekindern. Es ist ebenso weiterzudenken für Kinder, die nicht wissen, dass sie Pflegekinder sind, oder Kinder, dessen leiblichen Eltern verstorben oder verschwunden sind. Neben der Verwandtenpflege gibt es auch Familien aus dem nahen sozialen Umfeld, die Pflegekinder aufnehmen. Welche Bedeutung diese familiären Situationen für die Kinder und für den Kinderschutz haben, sollte differenziert untersucht werden.

2.2 Methodisches Vorgehen

Aufgrund der rudimentären Forschungslage war es notwendig, sich der Thematik explorativ zu nähern. Zu Beginn wurde die Perspektive der Pflegeeltern in den Mittelpunkt gestellt, indem drei qualitative Interviews mit Pflegeeltern geführt wurden. Diese dienten neben der Literaturrecherche, die sich wenig mit der Perspektive der Pflegeeltern beschäftigt, einem ersten Einstieg in die Thematik der Pflegekinderhilfe. In den Interviews wurde der Frage nachgegangen, vor welchen Herausforderungen Pflegeeltern stehen und welche Unterstützung und Begleitung sie sich wünschen.

Darüber hinaus wurde ein Expertenworkshop mit Fachleuten aus den Bereichen Kinderschutz und Pflegekinderhilfe veranstaltet, um die beiden Themen zusammenzubringen und erste Rahmenbedingungen zur Unterstützung des Kinderschutzes in Pflegefamilien zu erarbeiten. Im Ergebnis konnten in der ersten Projektphase zentrale Säulen herausgearbeitet werden, die wesentlich zu einem Gelingen der Pflegeverhältnisse beitragen und aus unserer Sicht den Kinderschutz in Pflegefamilien unterstützen: die Auswahl und Vorbereitung der Pflegeeltern, die Begleitung und Beratung der Pflegeeltern und die Begleitung der Pflegekinder. Im Anschluss daran wurden die herausgearbeiteten Säulen mit dem professionellen Handeln der Fachkräfte in Verbindung gesetzt.

Aufgrund der Fragestellung und Zielsetzung lag eine qualitative Methode zur Datenerhebung nahe und es wurden leitfadengestützte Interviews mit den Fachkräften der Pflegekinderdienste geführt. Da qualitative Methoden in ihren Zugangsweisen zu den untersuchenden Phänomenen offener als quantitative Herangehensweisen sind, bietet sich dieses Vorgehen an, um das professionelle Handeln der Fachkräfte zu analysieren und daraus Rahmenbedingungen für einen gelingenden Kinderschutz abzuleiten. „In Antworten auf die Frage in einem Leitfadeninterview […] wird ein wesentlich konkreteres und plastischeres Bild davon deutlich, was es aus der Perspektive der Betroffenen heißt, [z. B. Pflegeeltern zu begleiten und beraten], als dies mit einer standardisierten Befragung erreicht werden kann" (Flick, von Kardorff, Steinke 2010: 17). Qualitative Methoden berücksichtigen „Sichtweisen der beteiligten Subjekte, die subjektiven und sozialen Konstruktionen ihrer Welt" (ebd.). Durch die qualitative Herangehensweise konnten die im Expertenworkshop erarbeiteten Säulen, die den Kinderschutz in der Pflegekinderhilfe unterstützen, nicht nur überprüft, sondern anhand der Erfahrungen aus der Praxis konkretisiert und zusätzlich neue Aspekte integriert werden. So wurde deutlich, dass auch die Einbindung der Herkunftsfamilie und des Vormundes sowie die Kooperation aller Beteiligten zentral für den Kinderschutz in Pflegefamilien sind.

Es wurden neun leitfadengestützte Interviews mit Fachkräften der Pflegekinderdienste geführt, wobei zwei Interviews jeweils mit zwei Personen geführt wurden. Da bei den Trägern eine große Heterogenität in Bezug auf die Konzepte der Vorbereitung des Pflegeverhältnisses, der Betreuung der Pflegeeltern, der Betreuung der Kinder und der Zusammenarbeit mit der Herkunftsfamilie zu erwarten war (vgl. BMFSFJ 2013: 344), wurde auf eine Vielfalt der Träger geachtet. Es wurden Interviews mit Fachkräften der freien Kinder- und Jugendhilfe als auch der öffentlichen Träger geführt. Zudem wurde eine ausgewogene regionale Verteilung berücksichtigt. Der Leitfaden orientierte sich an den zuvor herausgearbeiteten zentralen Säulen aus dem Expertenworkshop, um diese wie beschrieben mit dem professionellen Handeln der Fachkräfte in Verbindung zu setzen. Die Interviews wurden aufgezeichnet und anschließend transkribiert.

Zur Datenauswertung der leitfadengestützten Interviews wurde ein inhaltsanalytisches Verfahren mit einer induktiven Kategorienbildung angewandt. In Anlehnung an das Verfahren nach Mayring wurde eine zusammenfassende Vorgehensweise verfolgt (vgl. Mayring & Brunner 2010: 326). Zentral an der qualitativen Inhaltsanalyse ist das an einem Kategoriensystem orientierte Vorgehen (vgl. Mayring 2010: 471). Das Material wurde anhand der Auswertungskategorien geordnet und systematisch zusammengefasst. Die Kategorien wurden aus dem Datenmaterial abgeleitet, wobei bereits übergreifende Themen, in Anlehnung an den Leitfaden und an die zuvor herausgearbeiteten Säulen, als erstes Kategoriensystem an das Material herangetragen wurden. Diese Kategorien wurden in „Rückkopplungsschleifen" (Mayring 2010: 474) anhand des Datenmaterials überarbeitet, ergänzt und differenziert.

Im Hinblick auf die Verwandtenpflege wurden die Ergebnisse der Fremdpflege mit dieser Pflegeform in einen Zusammenhang gebracht und auf deren Übertragbarkeit geprüft. Ein Expertenworkshop mit Fachkräften aus der Pflegekinderhilfe – insbesondere Fachkräften, die mit Verwandtenpflegeeltern arbeiten – hat dazu beigetragen, die Besonderheiten dieser Pflegeform aus der Perspektive der Praxis hervorzuholen und mit aufzunehmen. Ergänzt wurde die Analyse mit der Literatur zur Verwandtenpflege.

Teil A – Ergebnisse zur Fremdpflege

3 Kinderschutz in der Fremdpflege

Im Folgenden werden die Säulen eines gelingenden Pflegeverhältnisses zunächst beschrieben und das Handeln der Fachkräfte anhand von ausgewählten Zitaten deskriptiv dargestellt. In den Säulen ‚Begleitung und Beratung der Pflegeeltern‘ und ‚Begleitung der Pflegekinder‘ wird zusätzlich zwischen der Begleitung und Beratung der Familie im Alltag und in Krisen unterschieden. Die Analyse erfolgt mit Blick auf die Bedeutung für den Kinderschutz. Die den unterschiedlichen Säulen zuzuordnenden Interviewpassagen werden analysiert und zu generalisierenden Aussagen zum Kinderschutz zusammengefasst. Dabei hat sich gezeigt, dass sowohl Handlungsprinzipien als auch strukturelle Bedingungen für den Kinderschutz eine zentrale Rolle spielen. Mit Handlungsprinzipien wird hier eine Haltung beschrieben, die Wertschätzung und Respekt vor der Selbstbestimmung der Beteiligten ausdrücken soll, und mit strukturellen Bedingungen sind die sich aus der Haltung ergebenden praktischen Handlungsanweisungen und die daraus abzuleitenden institutionellen Handlungsbedingungen gemeint. In einem zweiten Schritt werden für die jeweilige Säule die Empfehlungen für einen gelingenden Kinderschutz in der Pflegekinderhilfe herausgearbeitet.

3.1 Auswahl und Vorbereitung der Pflegeeltern

Wenn Familien sich für die Aufnahme eines Pflegekindes interessieren, müssen sie bei den zuständigen Pflegekinderdiensten, je nach örtlichen Gegebenheiten beim öffentlichen oder freien Träger ihr Interesse bekunden und sich auf einen gegenseitigen Entscheidungsprozess einlassen. Bewerberfamilien müssen über die Anforderungen und Erwartungen, die als Pflegefamilie auf sie zukommen, informiert werden und vor diesem Hintergrund entscheiden, ob sie ein Pflegekind aufnehmen möchten. Die Fachkräfte müssen ebenfalls beurteilen, ob die Bewerberfamilie geeignet ist, ein Pflegekind aufzunehmen.

3.1.1 Auswahlkriterien

In den Interviews wird im Rahmen der Auswahl der Bewerberfamilie die Abfrage von bestimmten Auswahlkriterien als selbstverständlich genannt:

> *„Dann gehört natürlich zur Bewerberüberprüfung die Anforderung eines polizeilichen Führungszeugnisses und eines ärztlichen Attestes, das beinhalten muss, dass der Bewerber von seiner körperlichen und geistigen Konstitution her in der Lage ist, ein Pflegekind aufzunehmen." (II: 9)*

Dazu gehören z. B. das Vorhandensein eines eigenen Zimmers, eines polizeilichen Führungszeugnisses, Gesundheitszeugnisses und der Nachweis des Einkommens der Bewerber/innen. Die Selbstverständlichkeit der Prüfung dieser „ganzen Formalsachen" zeigt sich in den Ausdrücken „natürlich" und „ganz banale Sachen", die bei der Bewerberprüfung in den Pflegekinderdienst dazu gehören und vorliegen müssen. Aber auch Themen, wie beispielsweise Zeitressourcen der Bewerber/innen, werden in der ersten Phase in den Blick genommen:

> „Es sollten Kapazitäten da sein, in Richtung Zeit für das Kind haben, ja. Wenn beide Vollzeit arbeiten gehen, dann stellt sich die Frage, ja, wo bleibt das Kind denn zum Beispiel?" (I: 24)

Gleichzeitig mit der Selbstverständlichkeit der Prüfung dieser formalen Anforderungen wird hervorgehoben, dass es wichtig ist, dies gleichwohl nicht aus den Augen zu verlieren:

> „Das sind alles so Sachen so formal, es gibt vieles formale, was man vorher klären muss, natürlich guckt man im Haus auch, zum Beispiel, gibt es ein Zimmer für das Kind und ist das auch nicht irgendwo im Keller ((lacht)) oder so. Aber, ja, es hört sich lustig an, aber im Laufe der Jahre findet man auch komische Situationen manchmal vor, dass muss ich ganz ehrlich sagen." (III: 11)

Als weiterer Punkt zeigt sich, dass die Beweggründe der Bewerber/innen in der Bewerberauswahl in den Blick genommen werden:

> „Was ist deren Motivation, jetzt ein Pflegekind aufzunehmen? Das ist jetzt nicht ganz nachvollziehbar, beziehungsweise da haben wir Fragezeichen. Das hat natürlich auch was mit Kinderschutz zu tun." (VI: 40)

Die Motivation, ein Pflegekind aufzunehmen, wird mit den Bewerberfamilien besprochen. Dabei geht es darum, dass sich die Bewerberfamilien ihrer Beweggründe bewusst werden, warum sie ein Pflegekind aufnehmen möchten und zu schauen, ob die Beweggründe zu dem passen, was sie als Pflegefamilie erwarten. Die Fachkräfte haben dann die Aufgabe einzuschätzen, was den Bewerber/inne/n zugetraut werden kann:

> „Wir haben hier auch ganz viele, ist ja überall so, diese ungewollt Kinderlosen. Inwieweit können die, die noch nie Erfahrungen mit Kindern gemacht haben, und dann gleich mal so ein Kind, was aus einer Notsituation herauskommt, inwieweit können Sie dem gerecht werden? Was können die? Was schaffen die? Was kriegen die bewerkstelligt, bei allem guten Willen." (VI: 40)

Gleichzeitig werden hierbei die Fragen gestellt, was deren Stärken und Schwächen sind, welche Ressourcen sie haben, welche Vorstellungen sie von ‚ihrem'

Pflegekind haben und wie flexibel sie sind, um vor diesem Hintergrund zu einer Entscheidung zu gelangen, welches Kind zu ihnen passen könnte. Die Netzwerke der Bewerberfamilien werden in der Auswahl und Vorbereitung ebenfalls betrachtet:

> *„Bei der Vorbereitung ist bei uns immer noch eine wichtige Frage, wie vernetzt und sozial gebunden leben Familien, die hier Interesse haben, ein Kind aufzunehmen? Sind die eher isoliert? Machen die den Rahmen eng oder leben die offen, sind weit verbunden? Das sichert ja auch an der Stelle Einblick in die Familie und da wird das Kind gesehen und das sind Aspekte, die uns zum Thema Kinderschutz einfach bedeutsam erscheinen und wichtig sind."* (VI: 43)

In dem Zitat zeigt sich die Annahme, dass ein offenes Familiensystem mit Kontakten nach außen auch bedeutet, dass mehrere Personen Kontakt zum Kind haben und es regelmäßig sehen. Die Vernetzung der Familie wird somit als wichtiger Aspekt für den Kinderschutz betrachtet.

Neben der Abfrage formaler Eckdaten, Motive und sozialer Netzwerke der Bewerberfamilien werden Persönlichkeitseigenschaften der Bewerberfamilien in den Blick genommen. Hierbei stehen Fragen wie die Zuverlässigkeit, Belastbarkeit, Reflexionsfähigkeit und Bereitschaft zur Auseinandersetzung der Bewerber/innen im Fokus. Diese nehmen einen großen Raum in der Auswahl und Vorbereitung ein:

> *„Ich würde sagen, dass unsere Auswahlkriterien relativ hoch sind, dass wir sehr großen Wert darauf legen, wirklich Familien auszuwählen, die nicht nur in Anführungszeichen eine Bereitschaft mitbringen und eine Emotionalität. Sondern dass wir auch sehr gut gucken, wie krisenfest ist diese Familie, wie gut kann sie sich hineinversetzen in das, was die Kinder mitbringen, an Übertragung, an Verhaltensauffälligkeiten."* (VII: 46)

Die Fachkräfte setzen sich gemeinsam mit den Eltern intensiv und individuell mit der Situation zukünftig eine Pflegefamilie zu sein auseinander und thematisieren in diesem Zusammenhang mögliche Herausforderungen und dafür unterstützende Eigenschaften. Dabei wird die Genogrammarbeit von allen Interviewpartner/inne/n als wichtig benannt, um sich mit der eigenen Familiengeschichte und den Generationen auseinanderzusetzen und Ereignisse zu reflektieren. Bei der Beurteilung der Pflegeelternbewerber handelt es sich zunächst um subjektive Eindrücke:

> *„Wir haben die Struktur, dass an bestimmten Stellen zwei Fachberater in Gespräche gehen. Die kriegen das, verbunden mit den personellen Ressourcen, die wir haben, leider leider nicht ermöglicht, dass diese Prozesse durchgängig für zwei gemacht werden. Aber wir haben geguckt, wo sind sozusagen, ich sage mal so Knotenpunkte. Ja, und da*

haben wir die Vereinbarung, dass da zu zweit geguckt wird und an einer bestimmten Stelle gibt es 'ne Reflexion der internen Fachberatung, die Frau (Name) auch schon angesprochen hat, um eben an bestimmten Stellen mehr Augen auf diese Person zu richten." (VI: 24)

Die subjektiven Eindrücke der Fachkräfte werden im Team bzw. mit einzelnen Kolleg/inn/en reflektiert und so die Einschätzung der Pflegeelternbewerber nicht von einzelnen Mitarbeiter/inne/n abhängig gemacht:

„Ich erinnere mich an ein Paar, wo wir das Gefühl hatten, wo ich im Hinterkopf so eine Idee hatte, es könnte auch um sexuelle Motive gehen. Da gehen wir, wenn ich auch nur die Idee habe oder sich diese Idee so länger festsetzt, sage ich mal, dann arbeiten wir schon auch mit diesen Paaren auch nicht weiter. Also natürlich muss man da ein bisschen gucken, wo kommt das her, habe ich gerade eine völlige Fehlwahrnehmung?" (VII: 40)

Die Einschätzung der Bewerber/innen beruht auf Wahrnehmungen und Eindrücke der Fachkräfte. Es muss daher geprüft werden, woher diese Wahrnehmungen kommen und ob diese auch ernst genommen werden.

Die Vorbereitung der Pflegeeltern findet überwiegend in Einzelgesprächen statt, wobei diese zum Teil durch Gruppenangebote ergänzt werden. Die Familien werden individuell vorbereitet und es wird auf ihre Fragen und Bedürfnisse eingegangen. Abhängig von den unterschiedlichen Vorerfahrungen der Bewerber/innen kann die individuelle Vorbereitung sehr unterschiedlich sein.

Den Familien wird in der Vorbereitung dargelegt, dass sie Teil eines Jugendhilfesystems werden und somit auch zum Teil eine öffentliche Familie. Der Anspruch, eine öffentliche Aufgabe im privaten Raum wahrzunehmen, wird den Bewerber/inne/n mit den dazu gehörigen Konsequenzen verdeutlicht. Die Familien werden darauf vorbereitet, was es heißt, ein fremdes Kind mit einer Vorgeschichte in der Familie aufzunehmen:

„Man kann ja nicht nur den Blick aufs Pflegekind haben. Man sieht immer das System mit, man sieht die Paarbeziehung mit, man sieht die Beziehungen zu den anderen Kindern, die noch da sind, und da muss man auch diese Offenheit haben dafür und diese Bereitschaft zur Zusammenarbeit. Das ist ein sehr wichtiger Aspekt für uns, den wir relativ am Anfang auch besprechen." (III: 11)

Es wird den Familien bewusst gemacht, dass viel auf sie zukommt und von ihnen viel erwartet wird. Sie werden eine Familie, die ein zunächst fremdes Kind aufnimmt und bei der jemand von außen in den eigentlich geschützten Raum Familie Einblick bekommt. Das Familienleben wird durch die Begleitung der Fachkräfte in Ausschnitten öffentlich. Der Familie wird verdeutlicht, dass die Bereitschaft zur Zusammenarbeit eine Voraussetzung ist, um ein Pflegekind aufzunehmen:

„Aber so eine Idee, was das eigentlich bedeutet, dass da irgendwie alle vier Wochen jemand mit am Tisch sitzt. Das ist schon sozusagen auch was, was im Laufe der Vorbereitung erst mal auch so realisiert werden muss. Was für ein neuer Teil da mit in ihre Familie 'reinkommt. Nicht nur ein Kind, sondern letztendlich ja ein Riesensystem, für das wir ja dann auch sozusagen stellvertretend stehen." (V: 17)

In der Vorbereitung werden die Erwartungen an die Bewerber/innen ausführlich besprochen, wobei gleichzeitig betont wird, dass ihnen für ihre zukünftige Aufgabe Unterstützung und Begleitung zur Verfügung gestellt wird. Für diese gemeinsame Zusammenarbeit müssen sich die Bewerber/innen bewusst entscheiden:

„Ich glaube, dass man herausfindet, wie intensiv kann man eigentlich zusammenarbeiten? Kriegen die Leute eine Idee davon, ja wie weitgehend das auch eine Entscheidung für ihr Leben und für ihre Familie ist und ja wie können sie sich eben auch darauf einlassen, dass, dass Menschen kommen, von außen kommen und in den intimsten Raum, den man so hat, eindringen und so. Das ist glaube ich wichtig." (V: 14)

Es wird den Familien vermittelt, dass eine Bereitschaft zur Zusammenarbeit vorhanden sein muss. Dabei geht es nicht darum, dass die Pflegeeltern ihren neuen Erziehungs- und Fürsorgeauftrag nicht richtig wahrnehmen, sondern dass es Situationen geben kann, in denen es fachlich geboten ist, weitere Hilfen von außen stehenden professionellen Fachkräften anzunehmen. In überfordernden Situationen wird gemeinsam nach Lösung oder Klärung für das Pflegekind gesucht.

Neben dem Fokus, Eltern auf ihre zukünftige Rolle vorzubereiten, geht es in der Vorbereitung um einen ersten Vertrauensaufbau zwischen den Fachkräften und den Eltern. Dazu gehört auch, den Pflegeeltern gegenüber offen und transparent zu sein und Unklarheiten zu thematisieren:

„Wir versuchen denen terminlich eben auch mit den Zeiten entgegen zu kommen und halten das möglichst transparent die ganze Zeit. Das heißt, wenn einem etwas auffällt, wenn man irritiert ist, wenn man Fragen hat, wenn irgendetwas ist, dann kann man das sagen, so besprechen wir das auch. Das heißt, das hat immer Vorrang. Und so fangen wir auch eigentlich jede Sitzung an." (III: 12)

Es zeigt sich, dass die Auswahl der Bewerber/innen in einem Zusammenhang mit der Vorbereitung der zukünftigen Pflegeeltern gedacht wird. Es wird nicht klar zwischen Auswahl und chronologisch darauffolgender Vorbereitung getrennt, sondern die wechselseitige Entscheidung, ob sich der Pflegekinderdienst die Familie als Pflegefamilie vorstellen kann bzw. ob sich die Bewerber/innen vorstellen können, ein Pflegekind aufzunehmen, begleitet den gesamten Prozess der Vorbereitung. Hier zeigt sich eine Offenheit für den Prozessablauf. Die Vorbereitung kann auch in ihrer Intensität variieren und unterschiedliche Themen und Fragen fokussieren. Auch Abbrüche sind zu jedem Zeitpunkt der Vorbereitung denkbar.

3.1.2 Das Thema Kinderschutz in der Vorbereitung

Kinderschutz wird unter mehreren Gesichtspunkten in der Vorbereitung thematisiert. Zum einen aus der Perspektive, dass die Kinder zum überwiegenden Teil aufgrund einer Kindeswohlgefährdung nicht mehr in ihren Familien leben können. Vor diesem Hintergrund geht es darum, welche Erfahrungen die Kinder mitbringen und wie diese sich auf die Pflegefamilie auswirken können:

> *„Also, Kinderschutz ist natürlich erstmal Thema auf der anderen Ebene. Nämlich, die Kinder, die in Pflegefamilien kommen, bringen typischerweise, haben typischerweise diese und jene Erfahrungen gemacht." (I: 28)*

Das Thema Kinderschutz wird aus der Perspektive der Fachkräfte zunächst in Bezug auf die Geschichte des Kindes thematisiert, um den zukünftigen Pflegeeltern zu verdeutlichen, warum das Kind seine Herkunftsfamilie verlässt:

> *„Wenn es jetzt konkret um ein Kind geht, dann würden wir nach Aktenlage und nachdem wir das Kind gesehen haben, der Pflegefamilie das erstmal so vorstellen, erzählen. Dann sagen wir natürlich, was dem Kind passiert ist und auch wie sich das eventuell auswirken könnte in der Pflegefamilie hinterher." (III: 18)*

Mit den Bewerber/inne/n wird besprochen, was die Kinder erlebt haben und was sie vor diesem Hintergrund brauchen:

> *„Also, zum einen geht's darum in der Arbeit mit Bewerbern, denen auch deutlich zu machen, was Kinder alles erlebt haben. Ja so Überschrift: „Kein Kind verlässt seine Familie ohne Not." Also, was sie erlebt haben und was sie benötigen vor diesem Hintergrund für die Zukunft und dass sie sicherlich nicht neue Krisen, neue Belastung benötigen." (IV: 9)*

Auf der anderen Seite wird der Kinderschutz in der Vorbereitung aber auch an der Stelle thematisiert, an der es um mögliche Überforderungssituationen in der Pflegefamilie geht:

> *„Also, wir malen da immer eher etwas schwarz, was alles vorkommen kann, mit welchen Problemen gerechnet werden muss, wie man als Pflegeeltern dann wohl drauf reagiert, wenn dies und jenes vorfällt. An dieser Stelle kommt natürlich auch immer,*

was ist, wenn man überreagiert? Was kann man vorher tun? Ja, suchen sie sich Hilfe, wir sind da, Beratung, Beratung, Beratung.“ (II: 12)

In den Interviews zeigt sich, dass die Fachkräfte die Pflegeeltern für mögliche Krisensituationen sensibilisieren. Für die Vorbereitung ist es notwendig und wichtig, dass Überforderung und mögliche Überreaktionen thematisiert werden und dass es dafür Unterstützung gibt. Demzufolge wird bereits in der Vorbereitung eine erste Brücke gebaut, so dass mögliche Überforderungssituationen von den Pflegeeltern auch ohne Angst, dass ihnen Versagen attestiert wird, an die Fachkräfte herangetragen werden können. An dieser Stelle bekommen Pflegeeltern selbstverständlich Hilfe von den Fachkräften:

„Also dadurch, dass wir das in dem Bewerbergespräch sehr thematisieren, versuchen wir, die Schwelle niedrig zu halten, und das dann auch zu sagen, wenn es denn passiert ist. Und das funktioniert auch, also da haben wir die Erfahrung gemacht, dass die Pflegeeltern uns dann tatsächlich ganz geschockt anrufen und sagen, uns ist die Hand ausgerutscht, bitte kommen sie raus, das müssen wir jetzt irgendwie wieder aus der Welt bringen. Ja, das ist dann das schöne Gefühl, es klappt.“ (II: 15)

Die Vorbereitung der Bewerberfamilien dient somit einem ersten Vertrauensaufbau. Den Pflegeeltern wird eine erste Hürde genommen, Überforderungen anzusprechen. Ihnen wird bereits in der Vorbereitung verdeutlicht, dass sie Unterstützung und Beratung gerade in Krisensituationen von den Fachkräften bekommen.

Im Zusammenhang mit den Strukturen der Pflegekinderhilfe wird das Thema Kinderschutz auch implizit in der Vorbereitung mit den Pflegeelternbewerbern angesprochen:

„Wir sprechen allerdings auch sehr deutlich an, den Punkt allein schon über Kinderschutz in Pflegefamilien, wenn wir über die Strukturen sprechen. Wir erklären Pflegeeltern ja auch, in welche Strukturen sie sich begeben, ja. Das heißt, wie der rechtliche Rahmen ist. Welche Rolle sie als Pflegeeltern einnehmen. Nämlich nicht, Unterschied zur Adoption als Beispiel, dass es auch nach wie vor sorgeberechtigte Eltern gibt oder aber Vormund gibt oder aber Pfleger gibt, die Aufenthaltsbestimmung oder Gesundheitssorge, sonst was regeln.“ (I: 28)

Mit den Bewerber/inne/n wird besprochen, was es heißt, eine Pflegefamilie zu sein, eine private Familie, die eine öffentliche Aufgabe übernimmt und daher regelmäßig im Kontakt zu den Fachkräften steht:

„Wenn man das bespricht, in welcher Häufigkeit wir kommen und wie intensiv wir mit der Familie zusammenarbeiten und das Kind auch sehen, hat das ja einen beratenden, begleitenden Teil. Hat natürlich auch immer den kontrollierenden Teil, das ist denen ja auch klar, also das bespricht man natürlich auch.“ (III: 17)

Es wird thematisiert, dass bei der Begleitung der Familie die Beratung und Unterstützung im Mittelpunkt steht und gleichzeitig ein kontrollierender Aspekt mitschwingt. Dieses Verhältnis zwischen Hilfe und Kontrolle wird angesprochen.

3.1.3 Grenzen der Auswahl

Die Auswertung der Interviews zeigt, dass die Fachkräfte der Pflegekinderdienste die Auswahl und Vorbereitung der Pflegeelternbewerber als wichtig und zentral ansehen, allerdings diese auch Grenzen hat:

„Wir lernen Bewerber kennen, wir machen ziemlich viel mit denen. Wir meinen dann, was zu wissen, so. Wir, wir bringen dann auch ein Stück weit schicksalsmäßig auch Familie und Kind zusammen. Sind dann auch wieder präsent, aber natürlich nicht so, ja, das ist auch immer nur stundenweise und da kann immer noch so viel passieren, was eben dann ganz anders aussieht." (I: 96)

Die Auswahl und Vorbereitung der zukünftigen Pflegeeltern darf nicht zu einer falschen Sicherheit führen, da die Fachkräfte während der Vorbereitungsphase nur einen kleinen Ausschnitt der Familien kennen lernen:

„Wobei, also ich jetzt persönlich nicht so ein Anhänger davon bin, dass man in der Vorbereitung viel verhindern kann, was nachher schief gehen könnte. Also, das ist einfach die Erfahrung, die wir hier machen, dass Vorbereitung und Scheiterverläufe oder Beendigungsverläufe wenig miteinander zu tun haben." (V: 14)

Auch in Pflegefamilien kann es Krisen, Krankheiten, Trennungen wie in anderen Familien geben, die dazu führen können, dass Familien und deren Strukturen sich verändern. Es gibt ein Bewusstsein der Fachkräfte dafür, dass die Auswahl der Pflegeeltern keine Garantie für ein gelingendes Pflegeverhältnis ist.

3.1.4 Bedeutung für den Kinderschutz

Die Auswertung der Interviews hat gezeigt, dass die Auswahl und Vorbereitung der Pflegeeltern wichtige präventive Aspekte im Kinderschutz sind. Es wird deutlich, dass Kinderschutz in der Auswahl zum einen das Überprüfen von festgelegten und nachweisbaren Auswahlkriterien bedeutet. Diese Überprüfung ist wichtig und für die Fachkräfte selbstverständlich. Als Handlungsprinzip lässt sich ableiten, dass die Auswahl sich nicht darauf beschränken, sondern vielmehr mit der Vorbereitung zusammengedacht werden sollte. Auch Klaus Wolf (2013) beschreibt die „Einbettung der zweifellos notwendigen Überprüfung in das gesamte System der Anwerbung, Vorbereitung und Passungsherstellung" (ebd.:

305) als sinnvoll und stellt fest, dass dadurch auch die „Qualität der Eignungs-prognose deutlich höher" (ebd.) wird. Zum anderen wird sich in der Vorbereitung gemeinsam mit den Bewerber/innen intensiv und individuell z. B. mit deren Erziehungsgrundhaltung, Belastbarkeit, Reflexionsfähigkeit und Krisenfestigkeit auseinandergesetzt. Fachkräfte können die Vorbereitung und Qualifizierung dazu nutzen, die Eignung von Pflegeeltern zusammen mit den Pflegeelternbe-werbern zu reflektieren. Somit müssen nicht Auswahlkriterien und Misstrauen gegenüber Bewerberfamilien erhöht werden, sondern es kann mit ihnen zusammen die Motivation und persönliche Kompetenz geklärt werden. Als strukturelle Voraussetzung für einen gelingenden Kinderschutz ist das Vorhandensein einer qualifizierten Vorbereitung notwendig, wobei dies nicht ausschließlich nach einem standardisierten Verfahren ablaufen muss und eher einen individuellen Zuschnitt je nach Bewerber/in zulässt. Da es sich bei der Einschätzung der Pfle-geeltern um individuelle Eindrücke und Wahrnehmungen handelt, ist eine Beur-teilung der Pflegeeltern, die im Team reflektiert wird, unterstützend.

In der Vorbereitung werden Pflegeeltern sich ihrer zukünftige Rolle bewusst und lernen die möglicherweise auf sie zukommenden Herausforderungen kennen. Pflegeeltern müssen darauf vorbereitet werden, was es heißt, eine Pflegefamilie zu werden. Sie übernehmen eine öffentliche Erziehungs- und Fürsorgeaufgabe im privaten Raum und stehen daher regelmäßig in Kontakt mit den Fachkräften und ihr Privatleben wird zum Teil öffentlich. Es wird von ihnen eine Bereitschaft zur Zusammenarbeit verlangt.

Es wird ihnen erläutert, warum ein Kind seine Herkunftsfamilie verlässt und aufgezeigt, welche Auswirkungen das auf das Verhalten des Kindes in der Pfle-gefamilie haben kann. In dem Zusammenhang sollte auch auf mögliche Über-forderungssituationen eingegangen und für Krisensituationen sensibilisiert werden. Dadurch, dass mögliche Krisensituationen angesprochen werden und verdeutlicht wird, dass es im Zusammenhang damit zu Überreaktionen kommen kann, wird den zukünftigen Pflegeeltern dargelegt, dass sie sich an die Fachkräfte wenden können, ohne Angst zu haben, dass ihnen Unfähigkeit attestiert wird. Durch das Thematisieren von Überforderungssituationen kann den Familien zusätzliche Unterstützung zur Verfügung gestellt werden. Die Unterstützung der Familie soll eine Überforderung und die daraus entstehende mögliche Gefähr-dung für das Kind verhindern.

Die Vorbereitung dient daher dem ersten Vertrauensaufbau, wodurch sich eine gute Basis für den Begleitungsprozess entwickelt und eine erste Brücke gebaut werden kann, um Überforderungssituationen sichtbar zu machen. Ein erster Grundstein für eine „vertrauensvolle Beziehungen, die die Voraussetzung für wirkungsvolle Hilfe, differenzierte Entscheidungen und produktive Kontrolle sind" (Wolf u. a. 2012), kann in der Vorbereitung gelegt werden.

Es muss ein Bewusstsein der Fachkräfte darüber bestehen, dass die Auswahl und Vorbereitung der Pflegeeltern Grenzen hat. Die Eignungsprüfung von Pflegeelternbewerbern ist wichtig und notwendig, allerdings ist für die Sicherheit und Stabilität ein enger, vertrauensvoller Kontakt zum Kind und zur Familien viel wichtiger (vgl. Wolf u. a. 2012), da gerade Belastbarkeit und negative Überforderungssituationen schlecht vorhersagbar sind (vgl. Kindler 2014).

3.2 Begleitung und Beratung der Pflegeeltern

Die Begleitung und Beratung der Pflegeeltern bilden eine grundlegende Säule in der Pflegekinderhilfe. Was bedeutet es für die Fachkräfte, die Pflegefamilie zu begleiten und zu beraten, um damit gute Bedingungen für den Kinderschutz zu schaffen? In den Interviews wurde eine elementare Bedeutung der Begleitung an vielen Stellen sichtbar und nahm einen breiten Raum in der Darstellung der Interviewpartner/innen ein.

3.2.1 Begleitung und Beratung der Pflegeeltern im Alltag

Die Begleitung der Pflegeeltern beinhaltet die Organisation der regelmäßigen Treffen zwischen Pflegeeltern und einer zuständigen Fachkraft des Pflegekinderdienstes. Die Begleitung kann verstanden werden als ein aktives gemeinsames Handeln, das dialogisch angelegt ist und die Erziehungs- und Betreuungssituation in der Pflegefamilie in den Blick nimmt. Für die Alltagspraxis bedeutet dieses, dass man sich trifft und miteinander über die Pflegekinder, über ihre Lebenssituation und Entwicklung und über die Familiensituation der Pflegefamilie spricht. Die zuständige Fachkraft des Pflegekinderdienstes hat die Rolle einer Unterstützungsperson für die Pflegefamilie oder – in den Begleitprozessen sehr unterschiedlich ausgeprägt – als Vertrauensperson für die Familie. In einem Interview drückt es eine Fachkraft gegenüber dem Pflegekind so aus:

„Und wir haben die Aufgabe, euch zu unterstützen, euch zu helfen, dass es euch miteinander gut geht." (I: 82)

In einem anderen Interview beschreibt eine Fachkraft, welche Bedeutung die Begleitung für ihr professionelles Selbstverständnis hat:

„Es ist von Anfang an klar, […] dass wir da sind […], erst mal auch begleiten, das muss nicht ein explizites Thema geben, sondern es geht erst mal auch so darum, sich

mitzubekommen, wahrzunehmen, was passiert eigentlich gerade? Was sind die kleinen Veränderungen auch? Wie ist die Stimmung? Wo ist die Belastung? Ne, also das ist auch ein ganz wichtiger Teil." (V: 32)

Was hier beschrieben wird, ist der Kontakt, den die Fachkraft zur Pflegefamilie herstellt und wie auf der Beziehungsebene miteinander gearbeitet werden kann. Beziehungsaufbau bedeutet, dass es ein Interesse am Gegenüber gibt, dass die Anliegen und Sorgen der Pflegeeltern gehört werden und dass diese als Personen und in ihrem Handeln akzeptiert werden. Es ist die wertschätzende Haltung gegenüber den Pflegeeltern für das, was sie leisten und wofür sie ihr Familienleben zur Verfügung stellen, die die Grundlage für den Vertrauensaufbau legt:

„Und insofern ist das auch mit dem Beziehungsaufbau natürlich ein ganz, ganz entscheidendes Thema, weil nur wenn ich mich gut und sicher fühle, kann ich auch Belastungen sichtbar machen." (V: 29)

Zur professionellen Beziehungsarbeit ist es wichtig, sich als Person einzubringen, um somit ein Angebot zur Beziehung zu machen. Das mit der Begleitung intendierte Angebot zum Gespräch ist die Grundlage für das zu schaffende oder entstehende Vertrauen, das in dem vorangegangenen Zitat als ‚gut und sicher fühlen‘ beschrieben wurde. Dann ist der Boden dafür bereitet, von eigenen Unzulänglichkeiten, Schwierigkeiten und Belastungen zu erzählen, die in der Begleitung aufgefangen und besprochen werden können. In der Praxis wird die Realisierung der Beziehungsarbeit häufig konterkariert, wenn die Pflegeeltern und die Pflegekinder die einzigen Konstanten im System sind. Die Fachkräfte wechseln in den Familien oder sind aufgrund von z. B. Stellenwechsel, Elternzeit, Urlaub oder Krankheitszeiten nicht immer verfügbar, so dass sie als Ansprechpersonen ausfallen und Pflegeeltern dann mit – zum Teil mehreren – fremden Fachkräften konfrontiert sind.

Es ist eine ausreichende Nähe notwendig, um Entwicklungen oder die oben erwähnte Stimmung mitzubekommen, gleichzeitig aber auch eine gewisse Distanz, um den Blick von außen nicht zu verlieren. Um die Balance zwischen Nähe und Distanz zu halten, spielt auch das Setting für die Begleitung eine Rolle. Die Interviewten waren sich darin einig, dass das Zuhause der Pflegefamilie der geeignete Ort ist, um einen Einblick in das Familienleben zu bekommen:

„Die Beratung der Familie findet vor Ort statt. […] Mit dem Hintergedanken, dass wir dort sehr viel besser erleben können und Einblick bekommen können und ein Gefühl dafür bekommen können, wie funktioniert die Familie, was ist da gerade los." (I: 14)

Es wurde deutlich, dass das Setting für die Intention der Begleitung und Beratung genutzt werden kann. Gleichzeitig kann es auch als Wertschätzung gegenüber den Pflegeeltern verstanden werden, dass die Fachkräfte sie zu Hause aufsuchen und dass nicht die Pflegeeltern zu ihrer Beratung in Räumlichkeiten des Trägers gehen müssen. Das Aufsuchen weist auf die Wichtigkeit oder Bedeutung, die der Aufgabe der Pflegeeltern entgegengebracht wird. Zudem kann bei der Begleitung und Beratung ein vertrauter Rahmen eher eine Nähe zulassen. Andererseits kann es gute Gründe dafür geben, das Gespräch im Büro stattfinden zu lassen, wenn z. B. in Krisensituationen eine Distanz benötigt wird:

> „Dann ist die Distanz manchmal auch wichtig. Es gibt bestimmte Konfliktlagen, wo es eben nicht sinnvoll ist, im Wohnzimmer zu sitzen, sondern wirklich mal auch ’ne andere Perspektive auf das Thema zu kriegen.“ (V: 37)

Neben der räumlichen Distanz aus dem Familienleben ist auch eine gleichzeitige Distanz in der Zusammenarbeit notwendig. In der Pflegekinderhilfe gibt es Begleitprozesse von Fachkräften und Pflegeeltern, die sich über mehrere Jahre erstrecken und in denen eine enge vertrauensvolle Beziehung entstanden ist. Dieses ist kein Widerspruch zu einer professionellen Haltung der Fachkräfte, die zugleich eine Distanz benötigt, um damit die eigene Verstricktheit mit dem Familiensystem kontinuierlich reflektieren können. In einem Interview wird Folgendes aus Sicht der Fachkräfte angemerkt:

> „Wir schicken ja oder schickt das Jugendamt den Berater relativ nah in die Familie rein. Weil er sagt, wir brauchen eine intensive Unterstützung und je näher ein Berater in eine, je näher, je enger das Verhältnis wird, desto eher ist die Gefahr von Verwicklungen und blinden Flecken gegeben.“ (I: 29)

Eine unreflektierte oder zu enge Verstrickung mit der Familie kann man daran erkennen, dass man Problematisches nicht erkennt oder wahrnimmt oder dass es schwierig wird, kritische Dinge oder Situationen anzusprechen. In der Beziehung zu den Pflegeeltern müssen die Fachkräfte sich frei fühlen, Kritisches zu erkennen und offen anzusprechen.

Eine weitere Facette in der Begleitung der Eltern, die sich an das Thema Nähe und Distanz anschließt, ist die Gleichzeitigkeit von Hilfe und Kontrolle in der professionellen Beziehung zu den Pflegeeltern. Neben der Begleitung, in der die Eltern Unterstützung erfahren können, gibt es auch die Pflichtaufgabe, dass die Fachkräfte die Pflegeeltern treffen und beraten müssen, so wie es im Hilfeplan vereinbart wurde:

„also das heißt, kontinuierliche Beratung mit festen, verpflichtenden Beratungsgesprä-chen" (I: 45)

Und neben der wertschätzenden und nicht urteilenden Haltung gegenüber den Pflegeeltern gibt es auch ein kritisches Nachfragen, wie die Pflegeeltern ihren Erziehungs- und Fürsorgeauftrag ausfüllen:

„… hat das ja einen beratenden, begleitenden Teil. Hat natürlich auch immer den kontrollierenden Teil, dass ist denen ja auch klar, also das bespricht man natürlich auch." (III: 18)

Dieses Zitat weist darauf hin, dass beide Teile, die Unterstützung und die Kontrolle, nebeneinander stehen und nicht aufgelöst werden können. Sowohl die Fachkräfte als auch die Pflegeeltern müssen mit den Konsequenzen dieses Widerspruchs arbeiten und dazu ist es unerlässlich, die konträren Anliegen und Ziele der Begleitung klar zu thematisieren und mit den Pflegeeltern zu besprechen.

Eine andere Form der Begleitung – neben der oben dargestellten Form, dass die Pflegeeltern durch die Fachkräfte des Pflegekinderdienstes begleitet und beraten werden – ist die Begleitung der Pflegeeltern durch Gruppenangebote. Diese Gruppenangebote sind z. B. Elterngruppen für Pflegeeltern, die als Austausch auf gleicher Ebene konzipiert sind. Sie dienen dem Austausch von praktischen Informationen, der Kontaktherstellung unter den Pflegeeltern, der Entlastung, dass es in anderen Pflegefamilien ähnliche Themen und Herausforderungen gibt und vieles mehr. Andere Gruppen widmen sich bestimmten Themen aus dem Bereich Pflegekinderhilfe und haben eher einen Fortbildungscharakter. Ein weiteres in den Interviews genanntes Beispiel ist der Austausch von Pflegeeltern mit erfahrenen Pflegeeltern, die schon mehrere Pflegekinder aufgezogen haben. Hier ist ein Austausch auf einer Ebene der gleichen Erfahrungen und Erlebnisse gegeben, von dem Pflegeeltern profitieren können.

Bedeutung für den Kinderschutz

Aus der bisherigen Beschreibung der Begleitung und Beratung der Pflegeeltern lassen sich für den Kinderschutz direkt einige Handlungsprinzipien ableiten. Zusammengefasst lassen sie sich als eine beziehungsorientierte Haltung beschreiben, die wertschätzend und gleichzeitig kritisch ist, und damit grundlegend für die Arbeit der Fachkräfte ist. Gleichzeitig werden auch strukturelle Voraussetzungen für den Kinderschutz deutlich.

Die vordringlichste strukturelle Anforderung ist die kontinuierliche, verlässliche, selbstverständliche und krisenunabhängige Begleitung und Beratung durch eine Fachkraft eines Pflegekinderdienstes. Damit wie oben dargelegt eine belastbare Beziehung entstehen kann, muss es regelmäßige Treffen geben, auf die Pflegeeltern sich mit ihren Anliegen verlassen können. Die Termine müssen selbstverständlich im vorher festgelegten Rhythmus stattfinden, so dass nicht erst nach einem Termin von Seiten der Pflegeeltern gefragt werden muss, der dann mit zeitlicher Verzögerung stattfindet. Verbindliche Termine schaffen die Sicherheit, dass die Fachkraft kommt und alle Anliegen, Sorgen und Fragen und nicht nur Probleme Platz finden. Die Pflegefamilien, die Pflegekinder und die Lebensumstände sind zu unterschiedlich, als dass sich ein Rhythmus oder eine feste Anzahl von Beratungsterminen für die Begleitung der Pflegeeltern pauschal festlegen ließe. Deshalb muss die Anzahl der Treffen gemeinsam im Hilfeplangespräch anhand der Lebenssituation festgelegt werden und sich im nächsten Hilfeplangespräch an einer gelingenden Beziehungsarbeit messen lassen. Das bedeutet in der Konsequenz, dass Fachkräfte der Pflegekinderdienste nur eine begrenzte Anzahl an Pflegefamilien begleiten und betreuen können. Eine Empfehlung für einen allgemeinen Beratungsschlüssel kann hier Orientierung für die freien und öffentlichen Träger bieten. „Je nach Aufgabenstruktur des Dienstes ermöglicht eine Ausstattung von 1 : 25 bis 1 : 30, die wichtigsten Leistungen zu erbringen. Voraussetzung ist allerdings auch dann, dass die weiteren Merkmale der Organisationsstruktur – Mindestgröße des Dienstes, geringe Arbeitsteilung – ebenfalls leistungsfördernd sind" (Wolf 2013: 307). Um eine kontinuierliche Begleitung zu gewährleisten, sind jährlich (s. S. 80 unten) sechs bis acht im Hilfeplan vereinbarte Treffen notwendig. Anlassbezogen kann es auch Zeiten geben – wie z. B. zu Beginn oder in Krisenzeiten – in denen Pflegeeltern mehr unterstützende Gespräche und Termine benötigen.

Neben der häufig intensiven Arbeit zwischen den Pflegeeltern und den Fachkräften benötigen die Beteiligten einen weiteren Ort zur Reflexion und zur Entlastung. Dazu sind unterschiedliche Ansätze durchführbar. Die Fachkräfte der Pflegekinderdienste brauchen kollegiale Beratung und Supervision. Kollegiale Beratung bedeutet ein Team beim Träger, das sich untereinander zu Fällen berät, um blinde Flecken zu vermeiden und den Blick auf ihr fachliches Handeln zu erweitern. Supervision profitiert von dem Blick von außen durch externe Supervisor/inn/en und kann die Reflexion beruflichen Handelns durch Fallverstehen und den Blick auf die Beziehungsgestaltung, auf die Rollen der Beteiligten, auf den Träger und die Strukturen u. a. erweitern.

Eine andere in einigen Interviews vorgestellte Beratungsform ist das Modell der Co-Beratung. Dort gibt es jeweils eine/n weitere/n Berater/in, die/der nicht nur die schon in der Familie eingesetzte Fachkraft unterstützt, sondern auch mit in die Familie geht. Das bedeutet, dass sowohl die Fachkraft als auch die Pflegeeltern in schwierigen Situationen, Konflikten und Krisen gemeinsam mit dieser Co-Beratung arbeiten können.

Aber auch Pflegeeltern benötigen einen Austausch, der sich dem manchmal prüfenden Blick der Fachkraft des Pflegedienstes entzieht. Dazu gibt es Elterngruppen oder ein Angebot zur Supervision für Pflegeeltern.

Diese unterschiedlichen Angebote zur Reflexion wirken den blinden Flecken entgegen, und es ist intendiert, dass dadurch Überforderung und Krisen schon in einem Anfangsstadium erkannt und aufgefangen werden können und somit zu einem gelingenden Kinderschutz beigetragen wird. Deshalb sollen diese Angebote verbindlich in den Strukturen der Pflegekinderhilfe verankert sein, da sie nicht nur der Qualität im professionellen Handeln dienen, sondern zugleich Prävention im Kinderschutz darstellen. Es ist somit ein Unterstützungsnetzwerk der Professionellen um das private Leben der Pflegefamilien notwendig. „Ohne solche leistungsfähigen Unterstützungsnetzwerke ist die Betreuung von Kindern, die oft erhebliche Belastungen erfahren haben, in dem komplizierten Feld von zwei Familien, in das vielfältige rechtliche Regelungen eingreifen, nicht zu verantworten" (Wolf 2013: 305).

3.2.2 Begleitung und Beratung der Pflegeeltern in Krisensituationen

Im folgenden Teil soll die Begleitung der Pflegeeltern in Krisensituationen näher betrachtet werden, da sich hier weitere Konsequenzen ableiten lassen, die für den Kinderschutz relevant sind.

Krisen können jederzeit in den Pflegefamilien entstehen und gehen vielmals mit Überforderung der Pflegeeltern und/oder der Pflegekinder einher. Die Ursachen sind enorm vielfältig, wie z.B. Konflikte unter den Beteiligten, die in der Familie entstehen oder von außen herangetragen werden; Änderungen in der Lebenssituation der Familie, die zu Unsicherheiten führen, wie z.B. Scheidung oder der Verlust des Arbeitsplatzes eines Elternteils; Verhaltensweisen und Entwicklungsschritte des Pflegekindes oder der Geschwisterkinder, die die Pflegeeltern nicht verstehen, aber auf die sie angemessen reagieren müssen und vieles mehr. In den Interviews wurde anschaulich beschrieben, wie Pflegeeltern und Fachkräfte mit Krisen umgehen:

„… sondern Pflegeeltern sind ja manchmal auch in der Situation, einfach an ihre Grenzen zu kommen, emotional erschöpft zu sein, nicht mehr das Verständnis für

das Kind zu haben und so weiter. […] Aber ich würde nicht leichtfertig, wenn von einer Krise bekannt würde, ich würde nicht leichtfertig das Pflegeverhältnis beenden." (IV: 44)

Ein weiteres Zitat weist auf den Zusammenhang zwischen Überforderung und Gefährdung hin, der aus den Erfahrungen der Fachkräfte ersichtlich wird:

„Also für mich wäre die These sozusagen immer an der Stelle, da wo Überforderung entsteht, da entstehen am meisten Gefährdungen." (V: 62)

Die hier in einem Interview aufgeworfene These lässt sich ebenso aus den weiteren Interviews ableiten und interpretieren. In diesen wird deutlich, dass der Umgang mit den oben genannten Krisensituationen häufig Ohnmachtsgefühle und das Gefühl der Hilflosigkeit auslösen, die die Überforderung kennzeichnen. In diesen emotional schwierigen Krisensituationen wird zunächst kein Ausweg gesehen. Überdies kann die Überforderung mit Enttäuschung verbunden sein, wenn sich das Zusammenleben mit dem Pflegekind nicht so gestaltet, wie Pflegeeltern sich das Familienleben zu Beginn vorgestellt haben. In einem Interview wird ein Beispiel genannt:

„Die Kinder haben gar nicht die Erlaubnis, mit ihnen so in Beziehung zu gehen, wie sie sich das eigentlich ursprünglich in ihrer Motivation ausgemalt haben, warum sie eigentlich ein Kind aufnehmen." (V: 62)

Für Pflegeeltern ist es eine große Belastung, wenn sie ihr Pflegekind auf einer emotionalen Ebene nicht erreichen können und keine verlässliche Beziehung entsteht. Ein Gefühl einer vermeintlichen Unzulänglichkeit und Überforderung stellt sich ein. Der Druck auf Pflegeeltern erhöht sich durch Erwartungen, die sie mit ihrer Rolle verbinden, dass Pflegeeltern die besseren Eltern sein müssen und dass sie jede Krise oder jedes Problem schnell lösen müssen. Sie erwarten mehr von sich selbst und überschätzen sich, wenn sie Krisen allein meistern wollen.

Es zeichnet sich eine hohe Dynamik in den Krisensituationen ab. Diese ist verbunden mit sehr unterschiedlichen und starken Affekten, deren Kontrolle den Beteiligten nicht immer gut gelingt. Die Reaktion in Überforderungssituationen ist sehr unterschiedlich. Es ist nachvollziehbar, dass aus Überforderungen schnell Gefährdungen entstehen können, wie oben im Zitat erwähnt, wenn Pflegeeltern u. a. mit rigidem oder übergriffigem Verhalten auf Überforderung reagieren. Ebenso ist das Ausmaß der Übergriffe nicht vorhersehbar und weist eine Bandbreite auf, die von verbalen Äußerungen bis zu massiv gewalttätigem Verhalten gegenüber den Kindern reichen kann.

Bedeutung für den Kinderschutz

Für Fachkräfte lassen sich im Sinne des Kinderschutzes daraus folgende Handlungsprinzipien ableiten. In Krisensituationen brauchen Pflegeeltern mehr Unterstützung, das bedeutet, dass ihnen mehr Unterstützung und Hilfe angeboten werden müssen. Krisen gibt es immer und sie treten in allen Familien auf. Deshalb hat die Begleitung von Pflegeeltern auch etwas mit einem „Vertrauensvorschuss" (Schrapper 2013: 13) zu tun, dass die Familie die Krise gemeinsam bewältigen kann. Für Fachkräfte bedeutet dieser Vertrauensvorschuss ein „erhöhtes Maß aufmerksamer Beobachtung" (ebd.) bei der Einschätzung der Situation. Dabei ist der Pflegefamilie die Sicherheit zu vermitteln, dass es nicht darum geht, sofort das Pflegekind aus der Familie zu nehmen, wenn eine Krise sich andeutet. Zunächst gilt es, den Umgang der Pflegeeltern mit der Überforderung oder Belastung einzuschätzen und zu prüfen, ob die Sicherheit der Beziehung zwischen Fachkraft und Pflegeeltern für diese Belastung tragfähig genug ist. In dem weiter oben genannten Zitat wird dieser Aspekt prägnant aufgegriffen:

> „… weil nur wenn ich mich gut und sicher fühle [in der Beziehung zum Berater], kann ich auch Belastungen sichtbar machen." (V: 29)

In Krisen muss es gelingen, dass eigene vermeintliche Unzulänglichkeiten erkannt und eingestanden werden:

> „Und wir sind, ich sag mal, um jede Pflegefamilie froh, die uns davon erzählt und die uns diese Überforderungssituation öffnen kann. Und je früher, je besser." (V: 101)

Konflikt- und Kommunikationsfähigkeit sind sowohl bei den Pflegeeltern als auch bei den begleitenden Fachkräften in hohem Maße erforderlich, um Krisen zu bewältigen. Schwierige Situationen und möglicherweise unangemessene Reaktionen erfordern, dass sie von den Pflegeeltern thematisiert werden, ohne dass sie als ‚schlechte' Pflegeeltern abgestempelt werden. Fachkräfte können dabei unterstützen, ein Stück aus der schwierigen Situation herauszutreten und das Geschehene zu reflektieren. Diese Krisenbegleitung erfordert eine erhöhte Sensibilität der Fachkräfte, da in dem Regulationsprozess die Pflegeeltern sowohl unterstützt als auch mit den aufgetretenen Konflikten konfrontiert werden sollen. Von einer anderen Seite betrachtet brauchen auch die Fachkräfte eine gute Konfliktfähigkeit:

> „Wenn wir da mit denen arbeiten und das Kind ist vermittelt, dann müssen wir uns ja auch trauen, Sachen anzusprechen." (III: 12)

Kritische Dinge anzusprechen kann immer wieder eine Hürde bedeuten, aus Angst, dass die gute gemeinsame Arbeit danach gestört ist. Es erfordert Erfahrung und Gewissheit in der Beziehung, damit eine konstruktive Auseinandersetzung mit kritischen Situationen die Zusammenarbeit und den Umgang mit der nächsten Krise stärkt.

Auf der strukturellen Ebene lassen sich daraus folgende Bedingungen für einen gelingenden Kinderschutz formulieren. Als erstes sei genannt, dass die Fachkräfte über ein Fach- und Erfahrungswissen zu Dynamiken in Familien in besonderen oder Krisensituationen verfügen. Muster oder bestimmte Verhaltensweisen tauchen in Familien in ähnlichen Konstellationen gehäuft auf, wie z.B. in Pflegefamilien, wenn das Pflegekind neu in der Familie ist, wird das ganze Familiensystem ‚auf den Kopf‘ gestellt, da Beziehungen und Rollen sich ändern; oder in Familien in einer Trennungsphase oder Familien mit vernachlässigenden Eltern treten häufig ähnliche Rollenzuweisungen und Beziehungsdynamiken auf. Die Bandbreite ist hier sehr groß. Dieses Wissen um Krisendynamiken ist hilfreich bei dem Vorhersehen einer möglichen Überforderung der Pflegeeltern. „Vielmehr scheint mir das Hauptproblem zu sein, dass Überforderungssituationen und -reaktionen vorab und unabhängig vom Kind bislang schlecht vorhersagbar sind" (Kindler 2014: 18). Hier weist Kindler zu Recht darauf hin, dass ein Vorhersehen einer Überforderung der Eltern – also ein prognostischer Blick in der Familie – schwierig ist, aber einen großen Schutz für das Kind oder die/ den Jugendliche/n bedeuten kann. Bei Überforderungen von Pflegeeltern, die auf das Pflegekind bezogen sind, sind insbesondere das Erfahrungswissen und das Einschätzungsvermögen der Fachkräfte auf die individuelle Situation der Familie gefragt. In der Pflegefamilie können gemeinsam verbindliche Krisenpläne erarbeitet werden. Wenn z.B. ein Pflegekind in schwierigen Situationen immer wieder wegläuft, gibt es einen Plan, wer bei der Suche des Kindes behilflich ist, wer am Telefon bleibt und wer die Orte kennt, an denen sich das Kind gerne aufhält. Oder ein Elternteil kann mit bestimmten Verhaltensweisen des Pflegekindes nur sehr schwer umgehen, deshalb gibt es eine ausgewählte Person, die in diesen Zeiten die Pflegeeltern unterstützt. Solche Krisenpläne geben den Pflegeeltern Sicherheit, so dass sich das Gefühl der Überforderung und der Hilflosigkeit nicht so stark ausbreiten kann. Gemeisterte Krisen bieten beim erneuten Auftreten einen guten Rückhalt.

Eine zweite strukturelle Anforderung ist eine flexible Gestaltung der Termine der Fachkräfte in der Pflegefamilie. Unabhängig von den oben beschriebenen fest verbindlichen Beratungs- und Begleitungsterminen mit den Pflegeeltern, sollte der Träger eine Flexibilität des Einsatzes der Berater/innen in den Familie vorhalten, sodass auf spontane Bedarfe der Familie reagiert werden kann. In Krisen kann eine sehr engmaschige Begleitung notwendig werden. Ebenso brauchen die Termine für Hilfeplangespräche Flexibilität, da bei Krisen, die sich über mehrere Wochen hinziehen, sicherlich ein neues Hilfeplangespräch geführt werden muss.

Die Gestaltung weiterer Hilfemöglichkeiten für Pflegefamilien stellt einen dritten Aspekt des Kinderschutzes dar. Pflegefamilien sollten, wie andere Familien auch, die Möglichkeit bekommen, weitere Hilfen in Anspruch zu nehmen, wenn ein Bedarf über die Begleitung der Pflegefamilie durch einen Träger hinausgeht und eine ergänzende Hilfe durch das gemeinsame Hilfeplangespräch als sinnvoll erachtet wird. Das können u. a. soziale Gruppenarbeit (§ 29 SGB VIII), sozialpädagogische Familienhilfe (§ 31 SGB VIII)[3] oder Erziehungsberatungsstellen (§ 28 SGB VIII) sein sowie andere Entlastungsangebote, die gemeinsam verabredet werden, wie z. B. Familienkonferenzen. Sicherlich übernimmt der Vormund hier zentrale Aufgaben (siehe Kapitel 3.5).

3.2.3 Begleitung und Beratung der Pflegeeltern beim Auftreten von gewichtigen Anhaltspunkten für eine Kindeswohlgefährdung

In diesem Kapitel soll explizit das professionelle Handeln, wenn § 8a SGB VIII greift, in den Blick genommen werden. Das Auftreten von gewichtigen Anhaltspunkten erfordert ein Vorgehen, wie es in den Schritten des § 8a SGB VIII dargestellt ist (siehe Anhang). Dabei lässt sich die Begleitung von Pflegeeltern bei einem Verdacht auf eine mögliche Kindeswohlgefährdung nicht trennscharf abgrenzen von der Begleitung in Krisensituationen, sondern stellt selbst eine Krisensituation dar. Deshalb lassen sich die bisher beschriebenen Handlungsprinzipien und strukturellen Forderungen auf das Handeln in möglichen Gefährdungssituationen übertragen.

Die Gefährdungseinschätzung

Ausgangspunkt für das Handeln im Kinderschutz ist, dass Anhaltspunkte für eine Gefährdung des Wohls des Kindes oder der/des Jugendlichen wahrgenommen worden sind und diese auf ihre Gewichtigkeit zu prüfen sind.[4] Die Fachkräfte des öffentlichen Trägers nehmen die Einschätzung auf Grundlage des § 8a Abs. 1

---

3 Wir danken herzlich einer Kollegin aus der Pflegekinderhilfe, die uns auf unserem Fachtag auf ein Gutachten aufmerksam gemacht hat, das die Hilfe nach § 31 SGB VIII in Pflegefamilien ausschließt (vgl. Deutscher Verein für öffentliche und private Fürsorge e. V.: Gutachten 11/05 vom 14.12.2006). Aus der Praxis wurde dennoch berichtet, dass es diese Hilfekonstellation gibt.

4 An dieser Stelle soll von dem Fall ausgegangen werden, dass die mögliche Gefährdung von den Pflegeeltern ausgeht.

SGB VIII vor und Fachkräfte der freien Träger auf Grundlage des § 8a Abs. 4 SGB VIII. Der Gesetzestext beschreibt das Vorgehen bei Kindeswohlgefährdung als Abfolge in nüchternen Schritten, aber das Prüfen der Anhaltspunkte stellt für alle Beteiligten eine Herausforderung in einer unsicheren Situation dar. Für die Pflegeeltern bedeutet diese Situation, dass es ihnen nicht gelungen ist, den Erziehungs- und Fürsorgeanforderungen des Pflegekindes gerecht zu werden. Sie sind in ihrem Wunsch, dem Pflegekind gute Eltern sein zu wollen, gescheitert, wenn sich die Anhaltspunkte als gewichtig herausstellen. Für die Fachkräfte bedeutet es, dass sie nicht wissen, was in der Pflegefamilie geschehen ist, und ihr Bild und ihre Einschätzung von den Pflegeeltern, die sie in vorheriger Zeit als geeignet für die Aufgabe als Pflegeeltern ausgewählt haben, muss möglicherweise drastisch revidiert werden. Der Schritt, eine Gefährdungseinschätzung gemeinsam mit den Pflegeeltern vorzunehmen ("soweit hierdurch der wirksame Schutz des Kindes oder Jugendlichen nicht in Frage gestellt wird", vgl. § 8a SGB VIII), bedeutet für die Begleitung der Eltern, von einer anderen Ebene auf die Erziehungsleistung zu schauen. Es geht nicht mehr um eine gute oder schlechte Erziehung, sondern um ein schädigendes oder nicht schädigendes Verhalten der Pflegeeltern gegenüber dem Kind. Der implizite Kontrollauftrag der Fachkräfte bekommt eine andere Konnotation, da das Kind oder der Jugendliche geschützt werden muss:

> *„Wenn es gut läuft, werden sie den [kontrollierenden Teil, d. V.] nicht so spüren in der Beratung, dann tritt das sehr in den Hintergrund. Aber natürlich sobald es Probleme gibt oder Skepsis gibt oder man unterschiedlicher Meinung ist, dann ist der natürlich auch mehr da. Als Auftrag ist der natürlich ganz klar mit drin, da muss man sich nichts vormachen, das wissen die Kinder auch." (III: 18)*

Gleichzeitig wird damit die aufgebaute Beziehung zu den Pflegeeltern auf eine harte Probe gestellt:

> *„Wir mussten hier eine 8a-Einschätzung machen, dann ist das natürlich auf der Beziehungsebene mit einer Familie ein echter Tiefpunkt. Also, da arbeitet man dann unendlich wieder dran!" (V: 28)*

Die Beziehung zu den Pflegeeltern soll keineswegs aufgegeben werden, aber sie ändert sich. Fachkräfte benötigen in dieser Situation mehr Distanz zu den Pflegeeltern und müssen sich aus den Verstrickungen und Konflikten in der Familie lösen. An erster Stelle steht jetzt, das Kind zu schützen und dazu die Eltern zu gewinnen, dass sie daran mitarbeiten, die Gefährdung abzuweisen und eine Erziehung zum Wohl des Kindes wieder zu gewährleisten (vgl. § 27 SGB VIII).

Der Auftrag der Fachkräfte in der Familie ändert sich mit der Gefährdungseinschätzung. Die gemeinsame Einschätzung ist etwas grundlegend Anderes als die

Beratung und Begleitung der Pflegeeltern. In der Gefährdungseinschätzung ist der Aspekt der Bewertung vordergründig, d. h. gemeinsam werden die Anhaltspunkte daraufhin bewertet, ob eine Kindeswohlgefährdung vorliegt oder nicht. Für eine fundierte Gefährdungseinschätzung ist es sinnvoll, dass die Fachkraft, die auch bisher die Pflegefamilie begleitet hat, die Einschätzung vornimmt. Auch wenn die Aufgabe der Einschätzung hinzukommt, bleibt der Auftrag, die Familie zu begleiten, bestehen. Das Bündnis der Zusammenarbeit darf sich nicht aufheben. Auch wenn sich die professionelle Beziehung durch den Verdacht auf Kindeswohlgefährdung gewiss ändert und eine Kluft entstanden ist, bleibt die bisherige Beziehungsarbeit das wichtigste Fundament für die weitere Arbeit in der Gefährdungsabklärung und bei der Gestaltung weiterer Hilfe oder bei dem Prozess der Trennung von Pflegeeltern und Pflegekind. Durch die bisherige Begleitung und Beratung der Pflegeeltern haben die Fachkräfte viel Wissen um die Lebenssituation der Familie, sie kennen die Geschichte des Pflegekindes und aus der bisherigen Beziehungsarbeit haben sie ein Bild der Pflegeeltern. In vielen Fällen wird ihnen dieses Wissen bei der Einschätzung der Anhaltspunkte, der Risiko- und Schutzfaktoren eine Hilfe sein. Ebenso die Einschätzung zu der Fähigkeit und Bereitschaft der Eltern, an der Gefährdungsabwendung mitzuwirken, sowie die Einschätzung zu den Fragen, ob die Pflegeeltern die Gefährdung erkennen und die Gefährdungseinschätzung akzeptieren als auch wie ihre Kooperationsbereitschaft und ihre Änderungsbereitschaft aussieht, wird durch die vorherige Begleitung mutmaßlich erleichtert.

Die Hinzuziehung der Kinderschutzfachkraft und die kollegiale Beratung im Team

Die Fachkräfte, die die Pflegeeltern begleiten, sind Teil der Hilfe nach § 33 SGB VIII, der Vollzeitpflege. In ihrem Alltag sind sie nicht unmittelbar und ständig wiederkehrend mit Kindeswohlgefährdung konfrontiert. Deshalb haben die Fachkräfte der freien Träger bei der Gefährdungseinschätzung eine Kinderschutzfachkraft (,insoweit erfahrene Fachkraft') zur Beratung hinzuzuziehen. Die Fachkräfte des öffentlichen Trägers haben das Gefährdungsrisiko im Zusammenwirken mit mehreren Fachkräften einzuschätzen. Beide Vorgehensweisen können in der Pflegekinderhilfe sehr hilfreich sein, die Arbeit der Fachkräfte in der Begleitung der Familien bei einem Verdacht auf Kindeswohlgefährdung zu unterstützen und zu ergänzen.

Die Unterstützung und Beratung liegt darin, dass die Kinderschutzfachkraft – und entsprechend beim öffentlichen Träger die Kolleg/inn/en, die zusammen die Gefährdungseinschätzung vornehmen – insbesondere ihr Fachwissen im Kinderschutz und ihre Methoden- und Beratungskompetenz in den Einschätzungsprozess einbringt. Ihr Fachwissen (wie z. B. zu den rechtlichen Grundlagen und den Verfahrensschritten im Kinderschutz, zu Indikatoren, Risiko- und Schutzfaktoren, Formen und Ursachen von Kindeswohlgefährdung) in Verbindung mit ihrem Blick von außen auf die familiäre Situation ermöglicht eine fundierte Einschätzung der Gefährdung (vgl. ISA u. a. 2012: 14 ff.). Fachkräfte der Pflegekinderdienste sind durch ihre Arbeit in die Familiensituation und deren Dynamik mit verstrickt. Die oben beschriebene Begleitung der Pflegefamilie forciert dieses ‚Verstricktsein‘ und unterstützt die Beziehungsarbeit. Wenn sich allerdings die Situation in einer Familie dahingehend zuspitzt, dass sich Anhaltspunkte für eine Krise verschärfen, kann es für die Fachkraft schwer sein, aus ihrer Rolle heraus diese Zuspitzung zu erkennen und den entsprechenden Punkt auszumachen, an dem aus einer nicht immer gelingenden Erziehung eine Erziehung wird, die das Wohl des Kindes nicht gewährleistet. In den Konzepten der Pflegekinderdienste wird genau diesem ‚Verstricktsein‘ durch z. B. kollegiale Beratung und Supervision entgegengewirkt. In Fällen, in denen es um den Kinderschutz geht, kann hier die Kinderschutzfachkraft bei der Gefährdungseinschätzung durch ihren Blick von außen und ihr Wissen die Anhaltspunkte in ihrem zu bewertenden Ausmaß einschätzen. Die weniger beeinflusste Bewertung der Kinderschutzfachkraft und das enorme Wissen der Fachkräfte um die Geschichte der Familie und die Dynamik in der Familie stellen eine gute Grundlage für die Gefährdungseinschätzung dar, die zur Beantwortung der Frage führt, ob gewichtige Anhaltspunkte für eine Kindeswohlgefährdung vorliegen oder nicht.

Die Kinderschutzfachkraft berät das Team der Einrichtung, in welcher die Fachkraft eines Pflegekinderdienstes arbeitet und zur Einschätzung beraten werden muss. Die Kinderschutzfachkraft setzt ihre Methoden- und Beratungskompetenz bei den Fachkräften ein, sie berät nicht die Pflegeeltern oder spricht mit den betroffenen Pflegekindern. Gleichwohl kann sie das Team dazu beraten, wie das Gespräch mit den Pflegeeltern geführt oder in welcher Weise das Kind oder der Jugendliche in die Gefährdungseinschätzung mit einbezogen werden kann. Es ist nicht einfach, Pflegeeltern im Gespräch mit der Sorge zu konfrontieren, dass es möglicherweise um eine Kindeswohlgefährdung geht. Zur Gefährdungseinschätzung setzt die Kinderschutzfachkraft Instrumente in Form von Gefährdungseinschätzungsbögen und ggf. sozialpädagogisches Fallverstehen ein, die zu einem Ergebnis führen. Die Methode der kollegialen Beratung unterstützt den gemeinsamen Reflexionsprozess und kann bei der Frage nach Lösungsmöglichkeiten gut eingesetzt werden. Da die Fachkraft des Pflegekinderdienstes die Familiensituation gut kennt, geht es in der Beratung durch die Kinderschutzfachkraft darum, die Handlungsideen der falleingebenden Fachkraft und des Teams zu erfragen. Ideen dazu, wie der nächste Schritt aussehen kann und welche möglichen alternativen oder ergänzenden Unterstützungen angeboten werden können, sind häufig im Team oder bei der Fachkraft längst vorhanden. Zudem dient die Beratung der Unterstützung des Teams, indem die Kinderschutzfachkraft Reflexion und Entscheidungsförderung bietet und in schwierigen Situationen ermutigt (vgl. Althoff 2012; ISA u. a. 2012).

Das Ergebnis der Gefährdungseinschätzung und die nachfolgenden Schritte

Die Gefährdungseinschätzung muss am Ende ein eindeutiges Ergebnis vorweisen, so dass der nächste Schritt im Verfahren klar ist. Ein Ergebnis kann sein, dass die Anhaltspunkte sich als nicht gewichtig erweisen, die Situation sich in der Familie beruhigt hat und es kein Verfahren nach § 8a SGB VIII gibt. Die Pflegefamilie gerät jedoch nicht aus dem Blick der Fachkräfte, da die Pflegeeltern weiterhin in ihrer Aufgabe als Pflegeeltern begleitet und beraten werden, und das Pflegekind ebenso weiter begleitet wird. Es können in der Zukunft erneut Anhaltspunkte auftreten, aber wenn es zum aktuellen Zeitpunkt keine vernachlässigende oder misshandelnde Situation gibt, ist der Prozess der Einschätzung und der Gespräche dazu für alle nachvollziehbar zu beenden. Wenn das Vertrauensverhältnis zwischen Pflegeeltern, Pflegekind und begleitender Fachkraft nicht unwiederbringlich zerstört ist, kann die gemeinsame Arbeit der Begleitung fortgeführt werden.

Ein viel häufigeres Ergebnis der Einschätzung ist, dass die Erziehung zum Wohl des Kindes nicht gewährleistet ist. Das bedeutet, dass es in der Familie Situationen gibt, die den Erziehungs- und Fürsorgeanforderungen des Kindes oder des Jugendlichen nicht gerecht werden, es aber nicht um eine Kindeswohlgefährdung geht. Hier ist der Weg, dass in einem neuen Hilfeplangespräch gemeinsam mit den Pflegeeltern Möglichkeiten der Unterstützung und Hilfe für sie zu vereinbaren sind.

Ein drittes Ergebnis ist, dass das Kindeswohl in der Pflegefamilie tatsächlich gefährdet ist. Dabei geht es um eine erhebliche Schädigung des Kindes, die auch in Zukunft anhalten wird, wenn sich nichts an der Situation ändert. Wenn zudem die Pflegeeltern nicht bereit und nicht in der Lage sind, die Gefährdung abzuwenden, hat das Jugendamt ein neues Hilfeplangespräch anzusetzen und nach fachlichem Ermessen das Familiengericht anzurufen und/oder das Pflegekind in Obhut zu nehmen (vgl. § 8a SGB VIII).

Bedeutung für den Kinderschutz

Aus dem beschriebenen Vorgehen im Kinderschutz lassen sich für die Fachkräfte weitere Handlungsprinzipien ableiten, die die beschriebenen Handlungsprinzipien in Krisensituationen (s. o.) fortführen. Fachkräfte, die die Familie begleiten, müssen sich vergegenwärtigen, dass sie nur eine punktuelle Einsicht in die Familie haben:

> *„Da helfen auch keine Standards, so und so oft vor Ort zu sein und so weiter. Also, das Risiko gibt es einfach, dass, wenn die Leute uns hintergehen wollen, uns heile Welt vorstellen wollen, dass wir das einfach nicht mitkriegen." (II: 60)*

Es ist häufig weniger konkretes Wissen zur schwierigen Situation als Eindrücke von dem, was in der Familie geschieht, wenn man nicht da ist. Und dennoch sind sie gefordert, insbesondere an zwei kritischen Punkten im Verfahren eine Bewertung und Entscheidung mit allen Konsequenzen zu treffen. Ein erster kritischer Punkt findet sich in Familien, in denen die Lebenssituation des Pflegekindes sich langsam in einem Prozess verschlechtert. Die Fachkräfte müssen den Zeitpunkt erkennen, an dem nach langer gemeinsamer Bearbeitung von Schwierigkeiten eine Grenze überschritten wird und die vorliegenden Anhaltspunkte geprüft werden, indem das Verfahren nach § 8a SGB VIII in Gang gesetzt wird. Diesen Punkt in der alltäglichen Beratung in der Familie zu setzen, erfordert immer wieder, mit kritischer Distanz die Lebenssituation des Pflegekindes in den Blick zu nehmen. Gespräche alleine mit dem Kind oder Jugendlichen und ggf. der Austausch mit anderen Personen, die das Kind oder den Jugendlichen kennen, dürfen nicht versäumt werden. Für Fachkräfte bedeutet dieses, dass sie ihr eigenes Handeln und Verhalten kontinuierlich kritisch reflektieren und sich in der kollegialen Beratung im Team immer wieder in ihrer Sichtweise irritieren lassen. Die sich einstellenden Routinen in der Begleitung sind regelmäßig durch den Blick der Kolleg/inn/en von außen in Frage zu stellen, um neue Sichtweisen und mehr Klarheit zu bekommen.

Ein zweiter kritischer Punkt im Verfahren ist die Entscheidung, dass das Wohl des Kindes gefährdet ist und die Hilfe darin besteht, dass das Pflegekind aus der Familie herausgenommen wird:

> *„Man muss sich das nicht so vorstellen, da entpuppen sich welche als irgendwie so, wie ein böser Wolf und die Kinder finden die auch nur ganz schlimm und wollen möglichst schnell da weg. Das ist alles viel, viel komplizierter. [...] Und die Kindern, na klar, wollen die bestimmte Dinge nicht mehr, dass die passieren, aber die sind nie eindeutig, die sind natürlich ambivalent. [...] Und in dem Moment, wo ich dann auf die Seite gehe und sage, pass auf, komm, jetzt müssen wir hier die Sachen packen, dann*

kommt natürlich, automatisch geht das Kind auch auf die Seite, ich will ja eigentlich hier bleiben.“ (III: 37)

Diese Situation ist für die Fachkräfte emotional und im Handeln herausfordernd, wenn es das Gefühl gibt, man muss gegen den Willen der Pflegeeltern und insbesondere gegen den Willen des Kindes seine Entscheidung durchsetzen. Die Handlungsprinzipien sind hier, die Schritte zur Entscheidung für alle transparent zu machen und klar im eigenen Handeln zu bleiben. Diese für die Fachkräfte nicht alltägliche Situation sollte supervisorisch begleitet werden.

Für gelingenden Kinderschutz sind ausgearbeitete Konzepte, wie im Fall eines Verdachts auf Kindeswohlgefährdung verfahren wird, unabdingbar. Der vereinbarte Verfahrensweg soll durch seine Strukturierung Sicherheit bieten, wenn Fachkräfte in der Begleitung der Pflegeeltern damit konfrontiert sind, dass gewichtige Anhaltspunkte für eine Kindeswohlgefährdung vorliegen. In einer Verfahrensanweisung ist aufzunehmen,

- wie das Verfahren bei der Wahrnehmung von Anhaltspunkten beginnt und ob diese gewichtig sind,
- wie die kollegialen Beratung stattfinden und wer teilnehmen sollte,
- wie eine Gefährdungseinschätzung vorzunehmen ist,
- wie die Pflegeeltern und das Pflegekind miteinzubeziehen sind,
- wie die Herkunftseltern (oder andere Sorgeberechtigte) einzubeziehen sind,
- wie ggf. der Vormund einzubeziehen ist,
- wann die Kinderschutzfachkraft hinzuzuziehen ist (gilt für freie Träger),
- an welcher Stelle der Allgemeine Soziale Dienst mit einzubeziehen ist,
- wer ein neues Hilfeplangespräch initiiert,
- wie die Mitteilung an das Familiengericht aussieht, wenn es sich um eine Kindeswohlgefährdung handelt,
- bzw. bei freien Träger wie die Mitteilung an das Jugendamt aussieht, wenn zunächst eine Gefährdungseinschätzung durchgeführt wird (§ 8a Abs. 4 SGB VIII),
- welche Formulare, Protokolle und Unterschriften benötigt werden,
- wer über die erfolgten Schritte informiert werden muss,
- wer welche Aufträge und Auflagen an welchem Termin erledigen muss und
- an welchen Stellen im Verfahren es eine Kontrolle der durchgeführten Schritte geben muss und wer diese ausführt.

Eine gemeinsame fachliche Diskussion, die die Erstellung einer Verfahrensanweisung begleitet, ist die entscheidende Grundlage, die aus einem ‚Papier in der Schublade‘ ein gemeinsames Vorgehen macht, mit dem sich alle identifizieren können. Nicht nur die festzuhaltenden Inhalte sind wichtig, sondern ebenso der Prozess der Abstimmung, Aushandlung und Einigung. Unserer Erfahrung nach liegen bei den meisten Trägern der öffentlichen und freien Jugendhilfe Verfahrenswege und Konzepte zum Kinderschutz vor. Hier ist es sinnvoll, sofern die Fachkräfte der Pflegekinderhilfe bei der Erstellung nicht bereits mitgewirkt haben, dass die Konzepte daraufhin geprüft werden, ob der Verfahrensweg auch für Pflegekinder fachlich angemessen ist und ob der besondere Umgang der Pflegekinderhilfe mit den Beteiligten mitgedacht worden ist.

Eine weitere wichtige strukturelle Bedingung für das Gelingen im Kinderschutz ist die Vereinbarung nach § 8a SGB VIII zwischen dem öffentlichen und freien Träger. Das gilt in der Pflegekinderhilfe dann, wenn die Begleitung und Beratung der Pflegeeltern durch einen freien Träger erfolgt. In den Vereinbarungen ist das gemeinsam entwickelte Verfahren aufzunehmen, in welcher Weise bei dem Verdacht auf Kindeswohlgefährdung gehandelt wird, und gemeinsame Rahmenbedingungen sind festzuschreiben. Die schriftlichen Vereinbarungen dienen in erster Linie dazu, dass die beteiligten Fachkräfte fallunabhängig ein gemeinsames Vorgehen entwickeln, das im Fall einer Kindeswohlgefährdung direkt herangezogen werden kann.

Wird die Begleitung der Pflegeeltern durch den öffentlichen Träger vorgenommen, sollte es ebenso Verabredungen geben, wie der Pflegekinderdienst des öffentlichen Trägers mit dem Allgemeinen Sozialen Dienst beim Verdacht auf Kindeswohlgefährdung zusammenarbeitet. Auch in dieser Konstellation können schriftliche Vereinbarungen, wie die Zusammenarbeit gestaltet werden soll, Sicherheit bieten.

Einer der wichtigsten Faktoren, wie Kinderschutz und der Umgang mit Kindeswohlgefährdung gelingen kann, ist die Zusammenarbeit und Kooperation zwischen allen beteiligten Personen und Institutionen. Dieser bedeutsame Punkt wird in Kapitel 3.6 dargestellt.

3.3   Begleitung der Pflegekinder[5]

Die Begleitung der Pflegekinder ist neben der Begleitung und Beratung der Pflegeeltern eine grundlegende Säule in der Pflegekinderhilfe. Die Auswertung der Interviews verdeutlicht, dass eine unterstützende und stärkende Begleitung

---

5   Dieses Kapitel ist in etwas veränderter Form bereits erschienen in: Institut für soziale Arbeit e. V. (Hrsg.) (2015): ISA-Jahrbuch zur Sozialen Arbeit 2014. Münster: Waxmann, S. 167–189.

der Pflegekinder zugleich ein wichtiger Faktor für einen gelingenden Kinderschutz ist.

In der strukturierten Auswertung der Säule der ‚Begleitung der Pflegekinder' wird der Blick auf unterschiedliche Abschnitte im Pflegekinderverhältnis gerichtet. Es wird erstens die Anfangssituation in der Pflegefamilie, zweitens die Begleitung der Kinder im Alltag und drittens der Umgang mit Krisensituationen beleuchtet.

Die erste aus den Interviews abzuleitende Empfehlung für den Kinderschutz ist, dass die Fachkräfte der Pflegekinderdienste die Pflegekinder in den Prozess der Begleitung der Pflegefamilie aktiv miteinbeziehen und dass die Perspektive der Pflegekinder im Verlauf der Begleitung immer wieder eingenommen und in den Vordergrund gestellt werden muss. Da diese pädagogische Haltung und der damit verbundene fachlich-methodische Schritt sowohl für den Kinderschutz als auch für die Pflegekinderhilfe eine Voraussetzung der Arbeit ist, soll sie diesem Kapitel als Kerngedanke vorangestellt und in den Unterkapiteln aufgegriffen werden.

3.3.1 Zur Anfangssituation in der Pflegefamilie

Die Ausgangssituation ist, dass ein Pflegekind, egal welches Alter es hat, gerade zu seinen neuen Pflegeeltern gezogen ist und somit in das Leben der Pflegefamilie eingetreten ist. Es hat seine leiblichen Eltern, vielleicht seine Geschwister, vielleicht die Bereitschaftspflegefamilie oder die Heimeinrichtung als vorübergehenden Lebensort verlassen, und wird jetzt in dieser Familie leben. Das Pflegekind kennt die neue Familie wahrscheinlich erst durch wenige Treffen und muss sich in der fremden Umgebung zunächst zurechtfinden. In einem Interview wird die Anfangssituation folgendermaßen beschrieben:

> *„Trauma und Bindung, das sind die beiden dicken Themen, eigentlich im Pflegekinderbereich."* (III: 11)

> *„Die Kinder kommen manchmal mit Geschichten und man weiß doch gar nicht, was die die Jahre vorher erlebt haben, da wird manchmal in den Pflegefamilien noch sehr viel offenbart, was man vorher gar nicht wusste."* (III: 30)

Wenn man versucht, die Perspektive der Kinder oder Jugendlichen einzunehmen, wird schnell deutlich, dass man sehr vieles nicht weiß und nicht einschätzen kann. Aber die Pflegekinder leben jetzt in der Familie und damit sind ihre Geschichte und ihre Herkunftsfamilie als mehr oder weniger sichtbare Themen in der Pflegefamilie platziert. Die beiden oben genannten Themen ‚Trauma' und ‚Bindung' und der Umgang mit ihnen stellen dabei sowohl für die Pflegeeltern als auch für die Fachkräfte der Pflegekinderdienste sicherlich eine Herausforderung dar. Man weiß nicht, ob und wie ein Kind oder ein/e Jugendliche/r traumatische Erlebnisse verarbeitet und wie es gelingen kann, neue belastbare Beziehungen aufzubauen. In den Interviews zeigte sich viel Erfahrungswissen zu den Anfangssituationen: Gerade am Anfang stellen die Pflegekinder *die Familie auf den Kopf*, die Kinder *testen aus* und *provozieren* oder es läuft *immer schön nach dem Motto, Pflegekind ist vermittelt und dann wird es erstmal krank*. Es kann aber auch in die andere Richtung gehen, dass Kinder *überangepasst* oder eher *lustlos* sind oder sich endlich von ihrer *Sonderrolle verabschieden* können:

> *„Wir wollen jetzt hier so ganz in Ruhe gelassen werden, wir wollen jetzt hier irgendwie unsere, endlich mal irgendeine heile Welt aufbauen und wir wollen gar nicht andauernd damit zu tun haben."* (III: 18)

Es können sehr anstrengende Situationen entstehen und zudem müssen auch Pflegeeltern ihre neue Rolle zunächst finden. Diese Beobachtungen leiten zu den Fragen über, wie es den Pflegekindern geht und welche Bedürfnisse und Ursachen dahinter stehen. Folgendes Zitat gibt eine Idee dazu:

> *„[…] die Kinder, die ja zum Teil sehr, sehr anstrengend auch sind, weil sie ungewöhnliche Bewältigungsstrategien mit in ihrem Leben auch in Pflegefamilien fortführen."* (V: 84)

Es ist gut nachvollziehbar, dass Pflegekinder ihre gelernten Verhaltensweisen in für sie stressbesetzten Situationen ebenso in der Pflegefamilie zeigen. Für die Fachkräfte bedeutet es, dass sie dazu neben ihren Erfahrungen ein Wissen zur psychosozialen Einschätzung von (Anfangs-)Situationen und der damit verbundenen Dynamik in der Familie benötigen. Es gehört zu ihren Aufgaben, sowohl mit den Pflegeeltern als auch mit den Pflegekindern – ihrem Alter und Entwicklungsstand angemessen – über diese Familiensituationen zu sprechen.

Gleichzeitig wird damit der Prozess des Beziehungsaufbaus zwischen Pflegeeltern und Pflegekindern begleitet. In erster Linie ist es das Ziel, dem Pflegekind ein neues Zuhause zu bieten, in dem es gut leben und sich weiterentwickeln kann. Es gilt, den Einstieg in die neue Familie möglichst gut gelingen zu lassen. Dazu haben die Pflegekinder jetzt Pflegeeltern, die den Wunsch haben, zu ihren Pflegekindern eine Beziehung aufzubauen, sie physisch und emotional gut zu versorgen und das Vertrauen der Kinder oder Jugendlichen zu gewinnen. Dieser Beziehungsaufbau steht im Vordergrund, da die damit verbundene Sicherheit und Stabilität den Kern der Hilfe in einer Pflegefamilie ausmachen. Wie ein Kind oder ein/e Jugendliche/r auf dieses Beziehungsangebot reagiert und sich darauf einlässt, ist individuell völlig unterschiedlich. Häufig kommen die Pflegekinder und lassen eine große Bedürftigkeit ahnen, aber es ist nicht klar, welche Fürsorge und Versorgungsanforderungen im Vordergrund stehen. Pflegeeltern stehen hier vor ihren ersten Aufgaben und sollten dabei pädagogisch gut von den Fachkräften begleitet werden.

Bedeutung für den Kinderschutz

Kinderschutz bedeutet in dieser (Anfangs-)Phase, wiederkehrend die Perspektive der Pflegekinder einzunehmen und zum Ausgangspunkt des fachlichen Handelns zu machen. Dazu gehört, die Pflegekinder miteinzubeziehen und sich individuell in die Pflegekinder einfühlen zu können und wahrzunehmen, wie es ihnen in dieser „äußerst unsicheren Lebenssituation" (Helming, Wiemann, Ris 2011: 451) geht. Dazu ist ein Wissen z. B. zu Bindungs- und Beziehungsverhalten von Kindern oder zur Verarbeitung von traumatischen Erfahrungen etc. notwendig. Unsicherheitsgefühle und Ängste werden in der Anfangsphase immer wieder virulent und Vertrauen und Sicherheit bauen sich erst mit der Zeit auf. Von Seiten der Pflegeeltern und der Fachkräfte kann versucht werden, ihrer Bedürftigkeit eine Sprache zu geben. Es ist den Pflegekindern zu vermitteln, dass ihre Belange sehr wichtig sind und dass ihre Bedürfnisse ernst genommen und ihre Interessen gesehen werden. Dies ist ein Weg, ihnen ein Stück Selbstbestimmung zu geben oder zurück zu geben und sie zu stärken. Auch in mehreren Interviews mit Pflegekindern im Rahmen des Leuchtturm-Projektes Pflegekinderdienst (Pierlings 2011) „wird betont, wie wichtig es für die Kinder war, aktiv an Entscheidungsprozessen und Verfahren wie der Hilfeplanung beteiligt zu sein" (ebd.: 80).

Wenn das Einleben in die neue Familie gelingt und die Kinder und Jugendlichen sich in den neuen Familien wohlfühlen, dann ist gleichzeitig ein wichtiger präventiver Schritt für den Kinderschutz gelungen. Präventiv, da ein gelungener Beziehungsaufbau zwischen Pflegeeltern und Pflegekindern zwar keine Garantie dafür ist, dass das Kind nicht vernachlässigt oder misshandelt wird, aber doch die wesentliche Grundlage für ein tragfähiges Pflegeverhältnis darstellt.

3.3.2 Begleitung der Pflegekinder im Alltag

In diesem Abschnitt soll die Perspektive der Pflegekinder näher darauf beleuchtet werden, wie sie sich allmählich in die Familie einleben und wie sich langsam ein Gefühl der Sicherheit einstellt:

„Weil die Angst haben, es könnte vielleicht jemand wieder über irgendetwas ganz entscheiden oder man nimmt die jetzt mit. Das sind die Erfahrungen, die sie gemacht

haben. Da muss man manchmal eine ganze Zeit lang drin sein, bis die wissen, das ist sicher. Und wir machen das nicht einfach so, und die kommen nicht einfach wieder irgendwo anders hin." (III: 18)

Das Zitat beschreibt die Restunsicherheit der Pflegekinder, dass sie die neue Familie wieder verlassen müssen. Andere Pflegekinder hegen vielleicht eine Resthoffnung, dass sie wieder nach Hause zu den leiblichen Eltern zurückkehren können. Ebenso ist es vorstellbar, dass sowohl Resthoffnung als auch Restunsicherheit bei den Kindern nebeneinander stehen und sie sich mit dieser Ambivalenz auseinander setzen müssen. Vielen Kindern ist gemeinsam, dass sie sich jetzt Normalität wünschen. Sie möchten weder ständig an ihre Sonderrolle als Pflegekind erinnert werden, noch wollen sie, dass die Pflegefamilie ständig als etwas Besonderes hervorgehoben wird. Alltagsthemen, wie z. B. KiTa, Schule, Hobbys und Freundinnen und Freunde, treten in den Vordergrund aber auch individuelle Themen, wie z. B. Fragen zur Identität und zur familiären Geschichte, beschäftigen die Kinder und Jugendlichen.

Um die Perspektive der Kinder und Jugendlichen nicht aus dem Blick zu verlieren und möglicherweise als Vorsorge für Krisenzeiten der Familie wird die Frage nach der Begleitung der Kinder und einer Vertrauensperson für die Pflegekinder vielfach diskutiert.

In allen Interviews beschreiben die Fachkräfte der Pflegekinderdienste, dass es auch Einzelkontakte zu den Pflegekindern gibt und stellen diese als wichtigen Bestandteil in der Begleitung der Pflegefamilie dar. Die Häufigkeit der Begleitung der Pflegekinder in Form von Einzelkontakten ist dabei allerdings nicht einheitlich festgelegt:

„Das kann sein: alle vier Wochen. Das kann aber auch sein: zweimal im Jahr." (III: 55)

In Abhängigkeit von der Bedarfseinschätzung der Fachkräfte werden die Häufigkeiten der Treffen festgelegt. Dabei werden die Bedürfnisse der Kinder berücksichtigt und die Frage danach gestellt, wie viele Personen und Kontakte bzw. braucht das Kind zum jeweiligen Zeitpunkt verträgt:

„Das ist einmal vom Einzelfall abhängig, ein bisschen auch von jeder Beraterin. Es gibt durchaus Kolleginnen, die da einen stärkeren Schwerpunkt draufsetzen, als andere, mit dem Kind alleine auch oder wie intensiv ich das zeitlich gestalte. Aber es ist uns ganz wichtig, den Kontakt zu den Kindern zu pflegen, damit die uns auch als Vertrauensperson wahrnehmen." (VII: 115)

Den Fachkräften ist es wichtig, den Kindern und Jugendlichen zu vermitteln, dass sie auch Ansprechpartner für sie und nicht nur für die Pflegeeltern sind. Durch regelmäßige Einzelkontakte zwischen den Pflegekindern und den Fachkräften soll ihnen diese Botschaft vermittelt werden. Es wird deutlich, dass zentrale Themen in der Begleitung der Kinder die Biografiearbeit und Fragen rund um die Herkunftsfamilien sind:

„Also dieses Thema Herkunftsfamilie symbolisieren wir." (I: 82)

Dabei sehen die Fachkräfte sich selbst als Schnittstelle zum Herkunftssystem und zu den Pflegekindern:

„Wir sind immer auch Mittler zwischen dem Kind und seiner Herkunftsfamilie." (VII: 115)

Die Fachkräfte der Pflegekinderdienste stehen den Kindern insbesondere bei dem Thema Herkunftsfamilie zur Verfügung. Im Zusammenhang damit wird beschrieben, dass die Begleitung der Kinder in bestimmten Phasen intensiver sein kann, wenn sich die Kinder z. B. intensiv mit ihrer Biografie auseinandersetzen.

Im Bezug auf Konflikte und Krisen zwischen dem Pflegekind und den Pflegeeltern beschreiben die Fachkräfte sich selbst als Moderator/inn/en, wobei ihre jeweilige Position in der Begleitung der Familie variieren kann. Wenn es beispielsweise um Erziehungsschwierigkeiten geht – vielleicht darum, dass Pflegeeltern konsequent sein sollen – kann man sich gut vorstellen, wie Pflegeeltern und Fachkraft näher zusammen stehen, um den Kindern oder Jugendlichen Grenzen aufzuzeigen. Wenn es um Konflikte zwischen Pflegeeltern und Pflegekindern geht, ist eine dritte oder moderierende Position durch die Fachkraft hilfreich, da es gilt, sich beide Seiten anzuhören und ggf. zwischen Standpunkten zu vermitteln.

Allerdings nehmen die Fachkräfte auch ein Spannungsverhältnis zwischen dem Anspruch wahr, gleichzeitig Vertrauensperson für die Eltern und für die Kinder zu sein:

„Aber grundsätzlich sind wir erstmal eine Beratung für die Elternebene, aber gleichzeitig immer, immer auch Kontaktperson und Ansprechpartner für das Kind. Da dann einen Ausgleich hinzukriegen, ist manchmal etwas schwierig." (I: 44)

Die Fachkräfte beschreiben sich sowohl als Vertrauens- und Unterstützungspersonen für die Eltern als auch als Ansprechpartner/innen für das Pflegekind. Sie stellen dar, dass sie häufiger Kontakt zu den Pflegeeltern als zu den Pflegekindern haben, wobei dies nicht grundsätzlich als problematisch angesehen wird. Allerdings wird gerade in Krisen zwischen den Pflegeeltern und den Pflegekindern diese Doppelrolle als schwierig thematisiert und ein Spannungsverhältnis wahrgenommen:

„So da die Balance hinzukriegen, bin ich jetzt, ein Stückweit auch Sprachrohr oder Vertrauensperson für den Jugendlichen oder bin ich doch eigentlich nur Botschafter aus dem Bereich Pflegeeltern." (I: 83)

oder

„Wir ja schon die Rolle haben, mit den Eltern ganz viel zusammen zu arbeiten. Und dann kann es natürlich Themen geben, wo man schauen muss, vertrete ich jetzt eher die Interessen des Kindes oder die der Pflegeeltern?" (VII: 149)

Gerade in Krisen und einem angespannten Verhältnis zwischen Pflegeeltern und Pflegekind ist es schwierig, gleichzeitig Ansprechpartner/in für beide zu sein. Wenn es allerdings um Gefährdungssituationen geht und gewichtige Anhaltspunkte festgestellt wurden, ist die Fachkraft eindeutig an der Seite des Kindes bzw. der/des Jugendlichen:

„Wenn da was hakt oder wenn tatsächlich da auch eine Gefährdung besteht oder sie sich nicht gehört fühlen, mit ihren Anliegen und dass sie auch wissen, wir sind als Beraterin an aller erster Stelle parteiisch für das Kind." (VII: 115)

Pflegekinder brauchen Unterstützung, um zunächst die Geschehnisse einordnen zu können. Sie brauchen die Sicherheit, dass an dem Punkt, an welchem über die Familiensituation oder Geschehnisse gesprochen wird, Erwachsene sich kümmern. Sie müssen das Vertrauen darin haben, dass sich etwas ändert.

Zudem wird die ganze Familiensituation bei größeren wie auch kleineren Krisen von der Angst der Pflegeeltern beherrscht, dass ihnen ihr Pflegekind wieder weggenommen wird. Die Pflegekinder haben wiederum Angst, dass sie nicht bleiben dürfen. Es wurde eindrücklich berichtet, wie diese Angst latent vorhanden ist und unvermittelt größer wird, wenn es zu Schwierigkeiten im Familiensystem kommt. Für Kinder bedeuten Krisen, dass sie erneut einer äußerst schwierigen Situation ausgesetzt sind. Die Wiederholung einer Krise bedeutet eine enorme Belastung für die Pflegekinder, die es vordringlich zu vermeiden gilt. In diesen oft sehr emotionalen Situationen sind die Fachkräfte in ihrer Gesprächsführungs- und Beratungskompetenz gefordert:

„Ja, auf jeden Fall würden wir immer auch ein Gespräch alleine mit dem Kind dann führen, so zeitnah, wie eben möglich, ja nachdem, worum es sich handelt. Damit die Kinder auch sehen, wir reagieren, wir nehmen sie ernst, wir kommen auch zu ihnen und gucken dann, dass wir wirklich einen geschützten Rahmen haben, wo das Kind uns alleine anvertrauen kann, was immer es möchte." (VII: 118)

In Krisen sollen Pflegekinder selbstverständlich einbezogen und gehört werden. Es soll ihnen das erklärt werden, was sie nicht verstanden haben. An möglichen Entscheidungen sind sie zu beteiligen. Welche Rolle dabei eine Vertrauensperson einnehmen kann, wird individuell sehr unterschiedlich sein und benötigt Absprachen unter den Fachkräften. Ein besonderes Augenmerk ist auf die Situation zu richten, wenn das Pflegekind die Fachkraft oder auch die Vertrauensperson als Geheimnisträger betrachtet:

> *„Das muss man da ja noch dazu erklären, vertraue ich dann nämlich jemanden wirklich etwas an, wo […] diese ganze 8a-Geschichten ins Rollen kommen, dann muss ich ja dem Kind auch sagen, ich muss das an den und den Stellen aufmachen. Muss ich ja sogar, […] auch wenn das Kind es nicht wollte." (III: 53)*

Die Fachkraft gerät hier in ein Spannungsfeld zwischen ihrem Schutzauftrag nach § 8a SGB VIII und dem Wunsch des Pflegekindes, sein Erleben als Geheimnis zu wahren. Hier muss den Pflegekindern der Schutzauftrag gut erklärt werden und warum manches kein Geheimnis bleiben kann. Ihre Ängste davor, dass ihr Geheimnis offenbart wird und davor, wie die Pflegeeltern reagieren können, oder ihre Wut und Schamgefühle, erneut zu einem Opfer geworden zu sein, müssen bei der Klärung im Vordergrund stehen.

Darüber hinaus wird erläutert, dass die Rolle der Fachkraft für die Kinder in manchen Fällen bzw. Phasen schwierig sein kann, weil sie zum einen in Beziehung zur Herkunftsfamilien steht und zum anderen mit dem Jugendamt in Verbindung gebracht wird. Die Kinder haben negative Erfahrung mit einer vom Jugendamt veranlassten Trennung gemacht, wodurch die Rolle der Beraterin oder des Beraters für die Kinder angstbesetzt sein kann und der Vertrauensaufbau dadurch erschwert wird. Vor diesem Hintergrund wird die Bedeutsamkeit eines guten Kontakts zu den Pflegeeltern als Basis eines Beziehungsaufbaus zu den Pflegekindern beschrieben:

> *„Wenn die nicht gut mit uns in Kontakt sind, dann ist das für das Kind natürlich umso bedrohlicher." (V: 97)*

Der gute Kontakt zu den Pflegeeltern wird somit von den Fachkräften auch als Herangehensweise für einen vertrauensvollen Kontakt zu den Pflegekindern dargestellt, da den Pflegekindern so die Angst genommen werden kann, die Pflegefamilie wieder verlassen zu müssen. Die Qualität des Kontakts der Fachkräfte zu den Pflegeeltern hat somit direkte Auswirkungen auf den Kontakt zu den Kindern.

Es wird gleichzeitig davon ausgegangen, dass sich die Kinder in Krisen innerhalb der Pflegefamilie eher an Personen wenden, die nicht auch in Verbindung zu den Pflegeeltern stehen:

„Wenn Kinder wirklich was auf dem Herzen haben oder die was bedrückt, dass die sich eher Personen suchen, die irgendwo noch außen sind und die NUR mit den Kindern zutun haben." (III: 34)

Vor diesem Hintergrund sehen die Fachkräfte ihre Aufgabe darin zu schauen, ob es weitere Personen um das Kind herum gibt, zu dem es einen vertrauensvollen Kontakt hat:

„Insofern ist das für mich so'n handlungsleitendes Kriterium, wer kriegt die Kinder mit? Und wie viel Vertrauen gibt es, dass die mit 'ner guten Brille auf diese Kinder gucken, dann muss ich da nicht hingucken, also dann muss ich schon hingucken, aber dann muss ich das nicht im persönlichen Kontakt machen." (V: 94)

Die Rolle der Beraterin oder des Beraters liegt demnach darin, dass sie oder er einen Blick auf das System um das Kind hat und sich dabei die Frage stellt, ob auch andere Personen das Wohl des Kindes im Blick haben:

„Wie durchlässig ist das System? Also, kriegen in Anführungsstrichen nur ein oder zwei Menschen das Wohl eines Kindes mit? Oder ist es in einem System eingebunden, wo viele andere Menschen mit drauf gucken? Kindergarten, Schule, Tanten und Onkel und Freunde in der Nachbarschaft." (V: 94)

Wer diese Vertrauensperson für das Kind sein kann, wird dabei von den Fachkräften nicht auf einzelne Personengruppen festgeschrieben. Als mögliche Personen werden z. B. Lehrkräfte, Therapeut/inn/en, Erzieher/innen, andere Familienmitglieder oder auch der Vormund genannt.

Die Auswertung der Interviews zeigt, dass – abgesehen von Sommerfesten und vereinzelten gemeinsamen Freizeitangeboten für alle Pflegefamilien in einer Region – bisher nur wenige Angebote speziell und exklusiv (d. h. ohne die Pflegeeltern) für Pflegekinder von den sozialen Diensten organisiert werden. Ein organisierter, regelmäßiger Austausch der Kinder und Jugendlichen untereinander scheint bisher eine Seltenheit zu sein:

„Es ist ein Skandal sage ich jetzt mal ganz laut, dass das so wenig gemacht wird, also dass die Kinder so wenig im Fokus sind." (VI: 53)

Diese speziellen Angebote werden in den Interviews, auch in Bezug auf den Kinderschutz, als wichtiger Bestandteil hervorgehoben, der allerdings bisher – vor allem auf Grund der fehlenden regulären Finanzierung – kaum berücksichtigt wird.

Bedeutung für den Kinderschutz

Zusammenfassend kann festgehalten werden, dass ein zentrales Handlungsprinzip für einen gelingenden Kinderschutz der aktive Einbezug der Pflegekinder in den Prozess der Begleitung der Pflegefamilie ist, bei dem es immer wieder notwendig ist, auch die Perspektive der Kinder einzunehmen und sich nicht ausschließlich auf der Ebene der Erwachsenen zu bewegen.

Eine kontinuierliche und krisenunabhängige Begleitung der Pflegekinder durch eine Fachkraft des Pflegekinderdienstes oder eine andere Vertrauensperson ist eine zentrale strukturelle Anforderung für den Kinderschutz in Pflegefamilien. Ein regelmäßiger Kontakt einer Fachkraft zum Pflegekind und die Teilhabe der Kinder an den für sie existentiellen Entscheidungen spielen eine zentrale Rolle für die Sicherheit der Kinder (vgl. Wolf u. a. 2012). Die Interviews mit Pflegekindern im Rahmen des Leuchtturm-Projekts Pflegekinderdienst (Pierlings 2011) verdeutlichen, dass Kinder und Jugendliche Belastungen deutlich besser bewältigen können, wenn sie an Entscheidungen, die ihr Leben beeinflussen, beteiligt werden. Im Ergebnis der Untersuchung wird festgehalten, dass es die Möglichkeit geben sollte, Einzelkontakte zwischen dem Kind und der/dem Fachberater/in wahrnehmen zu können. Damit eine Vertrauensbeziehung zwischen der/dem Fachberater/in und dem Kind entstehen kann, ist ein regelmäßiger Kontakt unabdingbar (vgl. Pierlings 2011: 26). „Es zeigt sich in den Interviews, dass der zuständige Fachberater eine Ressource für das Pflegekind sein kann, wenn er als authentische Person und nicht nur als Vertreter des Amtes auftritt" (ebd.: 79).

Es muss die Frage reflektiert werden, wie viele Kontakte und Personen das Kind „verträgt" und wie viele für eine vertrauensvolle und belastbare Beziehung notwendig sind. Eine Differenzierung und Abwägung der möglichen Ansprechperson(en) je nach Thema der Begleitung ist notwendig. Es zeigt sich, dass die Fachkräfte der Pflegekinderdienste in einigen Fragen, z. B. rund um die Identität und die Herkunftsfamilie, Ansprechpartner/innen für das Kind sein können, aber nicht unbedingt Anlaufstelle bei einer Beschwerde über die Pflegeeltern.

Die Ergebnisse der qualitativen Befragung von Pflegekindern im Rahmen des „Handbuchs Pflegekinderhilfe" (Kindler u. a. 2011) zeigen, dass die Ressourcen der Pflegekinderhilfe oft nicht ausreichen, um den Kindern eine feste und kontinuierliche Ansprechperson zur Verfügung zu stellen. Die Fachkräfte stellen dann für die befragten Pflegekinder keine Vertrauensperson dar, da es zu wenig Kontakt zu ihnen gäbe und so ein Vertrauensaufbau nicht möglich sei. Ein Kontakt fände häufig nur in Krisen statt (vgl. ebd.: 120). Auch in einigen Interviews, die im Rahmen des Leuchtturm-Projektes (Pierlings 2011) mit Pflegekindern geführt wurden,

> „wird der Eindruck beschrieben, dass der zuständige Mitarbeiter des Pflegekinderdienstes kein persönlicher Ansprechpartner ist. Hier wird […] offensichtlich, dass den Pflegekindern nicht bekannt war, welche Funktion der Pflegekinderdienst innerhalb des Pflegeverhältnisses auch für sie innehatte. Die Interviewpartner schildern hier mitunter das Gefühl, dass die Person nicht für sie da war" (Pierlings 2011: 78).

Von den Fachkräften wird gerade in Konfliktsituationen zwischen dem Pflegekind und den Pflegeeltern ein Spannungsverhältnis zwischen den Ansprüchen wahrgenommen, Vertrauensperson für die Eltern und die Kinder zu sein. Zugespitzt kann sich dieses Spannungsverhältnis in einem Loyalitätskonflikt ausdrücken.

Da der Zugang der Kinder zu den Fachkräften häufig über die Pflegeeltern erfolgt und das Kind eventuell nicht einschätzen kann, ob es sich einer Person anvertrauen kann, die auch mit den Pflegeeltern in Kontakt steht, sollte dem Kind zusätzlich eine eigene Ansprechperson zur Verfügung stehen. Diese Vertrauensperson für das Kind soll nicht als Konkurrenz zu den Pflegeeltern verstanden werden, sondern eher als ergänzende/r Ansprechpartner/in für das Kind.

„Für die Bewältigung schwieriger Situationen benötigen die Pflegekinder Ressourcen. Einen Adressaten für die Notsignale zu haben, ist eine solche Ressource" (Reimer & Wolf 2008: 5). Die Aufgabe der Fachkräfte sollte daher darin bestehen, das Vorhandensein einer Vertrauensperson sicherzustellen. Dies stellt eine weitere strukturelle Anforderung dar und sollte somit ein fester Baustein der Hilfeplanung sein und als Aufgabe des Fachdienstes – Netzwerke herzustellen – mitgedacht werden. Bei der Besetzung dieser Funktion muss es nicht unbedingt eine Engführung auf die Fachkräfte geben, sondern die Rolle kann auch von einer Person jenseits des professionellen Settings eingenommen werden, der das Kind Vertrauen schenkt. Auch eine Person aus dem sozialen Umfeld (Bekannte, Verwandte, Großeltern) könnte diese Funktion besetzen, wobei ein eigenständiger Kontakt zwischen dem Kind und der Vertrauensperson gewährleistet werden muss. Ziel sollte es sein, dass das Kind selbst entscheiden kann, wem es vertrauen möchte, wodurch die Beteiligung des Kindes in den Vordergrund gestellt wird.

Als ein weiterer wichtiger Baustein für den Kinderschutz in der Pflegekinderhilfe sollten von den Fachdiensten regelmäßige Einzelangebote oder Gruppenangebote für Kinder unabhängig von der Pflegefamilie organisiert werden. Diese Angebote können sowohl dem Austausch der Kinder untereinander über ihre Situation und einem Abgleich ihrer Lebenssituation mit anderen als auch dem Austausch zwischen den Fachkräften und den Kindern dienen. Zudem unterstützen niedrigschwellige Beschwerdemöglichkeiten, die in Kommunen eingerichtet sind und an die Kinder sich unabhängig von der Hilfeform wenden können, den Kinderschutz.

3.3.3 Begleitung der Pflegekinder in Krisen und Gefährdungssituationen

Krisen können natürlich sehr unterschiedlich sein und sollen hier nicht aufgelistet werden. Es ist ein Spektrum von Situationen denkbar, in denen Konflikte auftreten, die vielleicht lösbar sind oder vielleicht eskalieren, über Situationen, in denen sich die Kinder und Jugendlichen unverstanden fühlen und Angst haben, dass die Pflegeeltern sich abwenden, bis hin zu Situationen, in denen Pflegekinder Vernachlässigung oder Gewalt erfahren. Wichtig ist, sich vor Augen zu führen, dass Pflegekinder in Krisen erneut in einem Zuhause problematischen Situationen ausgesetzt sind. Wenn sich etwas wiederholt, reagieren die Kinder und Jugendlichen in ihren individuellen Verhaltensmustern, die für die Fachkräfte nicht immer vorhersehbar sind. Wenn es um Kindeswohlgefährdung geht, kann der Zweifel der Pflegekinder sehr groß werden, ob sie die Schuld an der Vernachlässigung oder Gewalt tragen und ob sie es verdient haben. Sie verlieren das Vertrauen in die Erwachsenen, da ein Ort der Hilfe plötzlich zu einem Ort der Gewalt, der Ohnmacht und der Hilflosigkeit wird. In ihren Augen haben weder die Pflegeeltern noch die Fachkräfte ihr Versprechen der Hilfe gehalten und sie sind mit Verlassensängsten konfrontiert.

In Krisen werden auf mehreren Ebenen Dynamiken freigesetzt, die Auswirkungen sowohl auf die Familie, mit allen Beteiligten, als auch auf das Helfersystem haben. In den Interviews wurden Beispiele gegeben, die in der Praxis wiederkehrend sind und die eine hohe professionelle Kompetenz der Fachkräfte erfordern:

> *„Dann kann das sein, dass sie [die Pflegekinder, d. V.] etwas Anderes mit in Kauf nehmen und das ist ja eher dann manchmal wie eine Bestätigung. Ach ja, das machen alle, so sind doch irgendwie schon mal die Erwachsenen. Aber trotzdem diese sind ja schon mal viel besser, als die, die ich vorher hatte." (III: 34)*

In diesem Beispiel geht es um das Aushalten von schlechten Situationen, da Pflegekinder eine Vorstellung davon haben, dass es noch schlechter kommen könnte.

Den Fachkräften und den Pflegeeltern bleibt es verborgen, was die Pflegekinder erleiden, und wie in dem Zitat gut beschrieben, verdrängen oder überspielen Kinder ihren eigenen Leidensdruck, da sie sich in ihrem Bild von Erwachsenen eher bestätigt fühlen. Durch ihre negativen Erfahrungen hat sich ein Maßstab für gut und richtig entwickelt, der von außen betrachtet kaum zu akzeptieren ist. Daraus lässt sich eine nicht immer leicht nachzuvollziehende Loyalität zu den Pflegeeltern erklären. Diese kann darin begründet sein, dass Pflegekinder Angst haben, schon wieder eine Familie verlassen zu müssen und sich erneut stigmatisiert zu fühlen. Ein weiteres Zitat verdeutlicht, dass auch Pflegeeltern mit ihrer eigenen Geschichte in die Dynamik verstrickt sind:

> *„In Krisensituationen und auch gerade mit Kindern, die bringen ja dann das Bindungsverhalten oder die Bindungserfahrungen der Pflegeeltern auch wieder ganz nach oben. Weil man in Krisen genau damit reagiert und nicht mit dem, wie man sich sonst steuert, sondern dann kommt genau das eben zum Tragen.“* (III: 12)

Pflegeeltern bleiben mit ihren eigenen Beziehungserfahrungen nicht außen vor und verbinden früheres Erleben mit den aktuellen Geschehnissen. Allerdings sind es zunächst die Auswirkungen von krisenhaften Situationen, die sich den Fachkräften zeigen, und die Frage nach den Ursachen bestimmter Verhaltensweisen ist für Fachkräfte selten eindeutig zu beantworten:

> *„Da braucht es ja eine Menge Fachwissen, um das immer wieder auch gut einordnen zu können. Und das ist ja so'n schmaler Grat, wo ist eine, eine Übertragung und wo ist es vielleicht etwas, wo der Kinderschutz nicht gewährleistet ist.“* (V: 25)

oder

> *„Ist das jetzt eine Aussage, wo das Kind alte Erfahrungen, ich sag mal im weitesten Sinne Übertragungen aktiviert oder, oder ist das eine Sache, die Hand und Fuß hat? […] wie komme ich dahinter, wie kann ich damit umgehen?“* (I: 53)

Hier wird beschrieben, dass die beim Kind beobachteten Verhaltensweisen oder Äußerungen durch die Fachkräfte eingeschätzt werden müssen. Auf der einen Seite können die Auslöser in aktuellen gefährdenden Situationen liegen, auf die das Kind mit veränderten Verhaltensweisen reagiert. Auf der anderen Seite kann das Kind an frühere Erlebnisse erinnert worden sein und die Situation kann mit dem psychoanalytischen Konzept der Übertragung erklärt werden. Das bedeutet, dass erfahrene und verinnerlichte Beziehungsmuster auf ein Gegenüber übertragen, wiederholt und neu inszeniert werden. Pflegekinder übertragen ihre Beziehungsmuster, die in frühen Jahren in der Herkunftsfamilie entstanden sind, auf die Pflegeeltern und reagieren in ähnlichen aktuellen Situationen mit ihren Affekten aus der Vergangenheit. Wenn die Erlebnisse in der Vergangenheit sehr negativ waren, zeigen sich im Hier-und-Jetzt wiederum sehr negative Affekte. Es bleibt die Aufgabe der Fachkräfte, einzuschätzen, ob das Pflegekind wieder gefährdet ist oder ob alte Erfahrungen unbewusst reinszeniert werden und ggf. bearbeitet werden müssen.

Eine andere Facette zeigt ein Beispiel, in denen Pflegekinder von Vernachlässigung und Gewalt erzählen. Sie projizieren gewalttätiges Verhalten auf ihre Pflegeeltern, da sie darin einen Weg sehen, wieder zu ihrer Herkunftsfamilie zurückkehren zu können. Mit dem Thema Gewalt kennen sie sich aus und ihre Loyalität zur Ursprungsfamilie ist so groß, dass sie – bewusst oder unbewusst – den Fachkräften Geschichten von Gewalt berichten, ohne dass sie tatsächlich so passiert sind.

Bedeutung für den Kinderschutz

In allen genannten Beispielen wird sehr deutlich, dass in der Pflegekinderhilfe in Krisensituationen häufig komplexe psychische Vorgänge in den Vordergrund rücken und verstanden werden müssen. Insbesondere im Kinderschutz ist es für die Fachkräfte eine Herausforderung, die psychischen Vorgänge nicht nur zu verstehen, sondern es geht auch um eine Einschätzung der Gefährdung des Kindes. Es ist fundiertes Fachwissen und Einschätzungsvermögen notwendig, um die oben genannte Unterscheidung zwischen Kindeswohlgefährdung und Übertragungsgeschehnissen treffen zu können. Die gewichtigen Anhaltspunkte sind sorgfältig zu prüfen und einzuschätzen. Der bewusste Schritt, dazu die Perspektive der Pflegekinder einzunehmen und die Geschehnisse aus ihrer Sicht nachzuvollziehen, ist die Grundlage der Einschätzung. Genauso ist ein fundiertes Wissen von der Geschichte der Pflegekinder einschließlich der Geschichte der Herkunftsfamilie und der Pflegefamilie Grundlage für die Einschätzung. Das bedeutet, dass eine ausführliche Biografiearbeit oder Genogrammarbeit mit beiden Familien stattgefunden haben sollte, um in Krisenzeiten und insbesondere bei der Gefährdungseinschätzung darauf zurückgreifen zu können.

Häufig arbeiten Pflegekinder ihre mit Gewalt und Vernachlässigung verbundenen Erlebnisse in unterschiedlicher Weise auch therapeutisch auf, so dass die dort tätigen Fachkräfte oder Therapeutinnen und Therapeuten gute Kenntnisse über Pflegekinder und ihre Familien haben. Die Fachkräfte der Pflegekinderdienste haben zu prüfen, ob es individuell geboten und nach den Bestimmungen des Datenschutzes möglich ist, in einer multiprofessionellen Zusammenarbeit über weitere Schritte, die den Pflegekindern Schutz und Unterstützung geben, zu beraten.

In Krisen ist die Frage nach dem Selbstbestimmungsrecht der Pflegekinder ebenso wichtig. Auch wenn es einen Impuls gibt, dass die Pflegekinder in Krisensituationen schon genügend belastet sind, ist ihr aktives – altersangemessenes – Einbeziehen in Prozesse der Veränderung und Entscheidungen unabdingbar. Im Gesetz zum Kinderschutz findet sich dieses Handlungsprinzip auch wieder. Fachkräfte der freien Träger haben gemäß § 8a SGB VIII sicherzustellen, dass

> „die Erziehungsberechtigten sowie das Kind oder der Jugendliche in die Gefährdungseinschätzung einbezogen werden, soweit hierdurch der wirksame Schutz des Kindes oder Jugendlichen nicht in Frage gestellt wird."

Eine vergleichbare Aussage für die öffentlichen Träger findet sich in § 8a Abs. 1 SGB VIII. In Verbindung mit den Aussagen der Fachkräfte aus den Interviews lassen sich daraus für die Situation im Kinderschutz, in der Anhaltspunkte für Vernachlässigung und Gewalt aufgetreten sind und diese auf ihre Gewichtigkeit geprüft werden müssen, folgende Fragen für die Fachkräfte der Pflegekinderdienste ableiten: Wie können Pflegekinder in möglichen Gefährdungssituationen einbezogen und gut begleitet werden und welche Schritte sind im Sinne der Selbstbestimmung der Pflegekinder erforderlich?

Auf den Verfahrensweg im Kinderschutz bezogen ergeben sich folgende Punkte, an denen Pflegekinder zu beteiligen sind und die für die Fachkräfte handlungsleitend sein sollten:[6]

a) Beim Auftreten von Anhaltspunkten – die durch die Fachkraft, die den Schutzauftrag inne hat, noch einzuschätzen sind – sind die Pflegekinder ihrem Alter entsprechend einzubeziehen, indem, wie oben dargelegt, ein Gespräch ohne Pflegeeltern mit ihnen geführt wird. Die Hilfeform der Pflegefamilie ist dazu geeignet, dass die Fachkraft frühzeitig und genügend Fragen zur unklaren Situation stellen kann. Der Kontakt zum Pflegekind ist bereits vorhanden, und es gilt, die Pflegekinder ohne die Situation zu dramatisieren oder abzuschwächen nach ihren Beobachtungen und ihrer Meinung zur Situation zu fragen. Frühzeitig bedeutet hier, bei Anzeichen einer unklaren Situation das Gespräch mit den Pflegekindern wie auch mit den Pflegeeltern zu suchen, so dass sich eine Krisendynamik eventuell erst gar nicht weiter entfaltet und zugleich besprechbar wird. Welche Rolle dabei die Vertrauensperson (oder ggf. der Vormund) für das Pflegekind einnehmen kann, ist individuell mit der Vertrauensperson und dem Pflegekind zu vereinbaren.

---

6 Vgl. hier auch die Vorgehensweise in Krisensituationen mit dem Fokus auf den Pflegeeltern (siehe Kapitel 3.2.3).

b) Handelt es sich in der Situation um gewichtige Anhaltspunkte, hat die Fachkraft sowohl des öffentlichen wie auch des freien Trägers eine Gefährdungseinschätzung vorzunehmen. Wie schon oben erwähnt, sind die Kinder oder Jugendlichen einzubeziehen. Methodisch handelt es sich hier um ein weiteres Gespräch, in dem ggf. Gefährdungseinschätzungsbögen verwendet und mit den Pflegekindern besprochen werden. Der Blick ist auf die gewichtigen Anhaltspunkte (Indikatoren für eine mögliche Kindeswohlgefährdung), auf Risiko- und Schutzfaktoren sowie auf den Entwicklungsstand des Kindes oder Jugendlichen zu richten. Ein Risikofaktor, der in den Interviews immer wieder Erwähnung findet, ist die Kindeswohlgefährdung, die das Pflegekind in seiner Herkunftsfamilie erfahren hat und die zu der Hilfeform der Pflegefamilie geführt hat. Wie oben erwähnt sind die Auswirkungen auf das Verhalten des Pflegekindes und die damit häufig verbundene Herausforderung für die Erziehungskompetenz der Pflegeeltern gut beschrieben. Es ist dort gut nachvollziehbar, dass die traumatischen Erfahrungen der Pflegekinder zu schwierigen Situationen in der Pflegefamilie beitragen können und dass sie in Verbindung mit einer Überforderung der Pflegeeltern einen Risikofaktor für eine erneute Kindeswohlgefährdung darstellen.

In diesen für die Pflegekinder äußerst schwierigen Situationen, die zur Beendigung des Pflegeverhältnisses führen können, ist gut zu prüfen, ob und welche Rolle die Herkunftsfamilie übernehmen kann. Vielleicht brauchen die Pflegekinder in diesen Situationen mehr Kontakt. Es besteht aber keinesfalls der Automatismus, dass die Kinder bei einer tatsächlichen Beendigung des Pflegeverhältnisses unweigerlich zur Herkunftsfamilie zurückkehren.

c) Die Gefährdungseinschätzung hat ein Ergebnis gebracht, das Fragen danach aufwirft, ob eine Erziehung zum Wohl des Pflegekindes gewährleistet ist oder ob es um eine Kindeswohlgefährdung geht und wie die Bereitschaft und Fähigkeit der Pflegeeltern aussieht, unterstützende Hilfeangebote anzunehmen. In jedem Fall gibt es dazu ein Hilfeplangespräch mit allen Beteiligten. Angesichts der unterschiedlichen Interessen und Bedürfnissen der Beteiligten ist das Wohl und Interesse des Pflegekindes immer handlungsleitend. In den Interviews wurde deutlich, dass es zu besonders schwierigen Entscheidungen führen kann, wenn die Situation auf zwei Alternativen hinausläuft. Stellt man den Beziehungsaspekt in den Vordergrund, da in der Pflegefamilie ein guter Beziehungsaufbau gelungen und Stabilität im Leben des Pflegekindes gewährleistet ist und das Pflegekind dort bleiben will, oder wird die Situation in der Pflegefamilie als nicht weiter tragbar eingeschätzt und es steht der Abbruch des Pflegeverhältnisses mit all seinen Konsequenzen für das Pflegekind, für die Pflegeeltern und für die Herkunftseltern bevor? Hier eine Entscheidung zu treffen, welches Vorgehen für das Pflegekind am wenigsten einschneidend ist, ist sehr schwer. Es bleibt zu wünschen, dass die am wenigsten schädliche Entscheidung, die zu diesem Zeitpunkt getroffen wird, sich in der Zukunft als gute und richtige Entscheidung für das Pflegekind entfaltet.

3.4   Einbindung der Herkunftsfamilie

Eltern bleiben Eltern. Auch wenn ihre Kinder in Pflegefamilien leben. An dieser Verbindung wird eine juristische Entscheidung des Sorgerechts, eine Änderung des Lebensmittelpunktes des Pflegekindes in einer neuen Familie oder ein gänzlicher Kontaktabbruch zwischen Kindern und Eltern nichts ändern. Dieser Aspekt ist allen Eltern, deren Kinder in Pflegefamilien untergebracht sind, gemeinsam, gleichwohl ist die Gruppe der leiblichen Eltern in der Pflegekinderhilfe eine sehr heterogene Gruppe. Es gibt sicherlich Situationen, in denen die Entscheidung, ein Kind in eine Pflegefamilie zu geben, leicht fällt, da diese Eltern ihre Kinder nicht aufziehen möchten oder ihren Kindern schaden. Aus unterschiedlichen Gründen lehnen sie ihre Elternschaft ab und entscheiden sich dafür, dass ihr Kind an einem anderen Ort aufwächst. Andere Eltern merken in der Erziehung, dass sie nicht genügend persönliche Ressourcen oder Fähigkeiten haben, leiden selbst an der Situation und stimmen schweren Herzens einer Vollzeitpflege zu. Oftmals stehen diese Eltern der Hilfe ambivalent gegenüber. Sie wissen, dass die Hilfe für ihr Kind und für sie selbst sinnvoll ist und gleichzeitig möchten sie nicht, dass ihre Kinder bei Fremden aufwachsen. Sie möchten für ihr Kind alles ‚richtig' machen, sie möchten ‚gute' Eltern sein und schwanken zwischen Ablehnung der Hilfe respektive der Pflegefamilie und einem Einlassen auf professionelle Hilfe in Form von fremden Pflegeeltern für ihr Kind. Mit dieser Ambivalenz sind ebenso ihre Kinder konfrontiert als auch das Helfersystem und es prägt den Hilfeprozess.

Die Fachkräfte der Pflegekinderhilfe wissen, dass die Herkunftsfamilie des Pflegekindes ein zentrales Thema ist. Sie haben immer – auch wenn die Kinder nicht dort leben, oder keinen Kontakt zu den Eltern haben – Einfluss auf das Befinden und die Entwicklung der Kinder. In den Interviews wird dieses wie folgt beschrieben:

> *„Das Kind lebt in einer Pflegefamilie, es gibt da ein mehr oder weniger einvernehmlichen oder kontroversen Kontakt zum Herkunftssystem, die ja im weitesten Sinne einen Einfluss haben auf die Situation, in der Pflegefamilie für das Pflegekind. […] Ja, es hat natürlich ganz viel Einfluss darauf, auf die Entwicklung von Pflegekindern."* (I: 89)

Eine andere Interviewteilnehmerin drückte es so aus, dass – wenn ein Kind in eine Pflegefamilie kommt – die Eltern immer mit zur Tür hereinkommen. Vielleicht gibt es Phasen im Leben der Pflegekinder, in denen sie den Kontakt zu ihren Eltern ablehnen, aber in anderen Phasen entsteht eine Sehnsucht nach den eigenen Eltern und es stellen sich Fragen nach der Herkunft und der eigenen Identität. Pflegekinder brauchen hier die Pflegeeltern oder Fachkräfte, die ihr Suchen und ihren Wunsch nach Kontakt begleiten:

> *„Die Bedeutung der Herkunftsfamilie für die Kinder ist auf jeden Fall sehr, sehr groß und sehr, sehr wichtig, auch für die Kinder, die keinen Kontakt haben."* (VIII: 121)

Der überwiegende Teil der Pflegekinder hat Kontakt zu mindestens einer Person der Herkunftsfamilie (vgl. Thrum 2007). Dieser Kontakt kann persönlich, über soziale Medien oder mittelbar über andere Personen gestaltet sein und sollte durch die Pflegeeltern und durch die Fachkräfte unterstützt werden. Es kann viele Wege geben, die Beziehung zu den Eltern zu halten.

Eine immer wieder herausfordernde Form des Kontakts sind die Umgangskontakte in der Pflegekinderhilfe. Die Besuchskontakte können äußerst heikle Situationen darstellen, in denen die unterschiedlichen Bedürfnisse und Erwartungen der Herkunftseltern, der Pflegeeltern und Pflegekinder aufeinander prallen. Man muss sich vergegenwärtigen, dass Kinder eine Trennung von der Herkunftsfamilie zu verarbeiten haben und dass sie in der Pflegefamilie eine Phase der Eingewöhnung und der Stabilisierung brauchen. Der Zeitpunkt des Beginns der Besuchskontakte sollte gut abgestimmt und bereits im Hilfeplangespräch thematisiert werden. Die Besuchskontakte finden nicht bei der Herkunftsfamilie statt, damit das Kind nicht direkt an schwierige Zeiten oder Situationen erinnert wird, sondern an einem für das Pflegekind geschützten und für beide Familien unvoreingenommenen Ort. Die Kontakte sollen vorbereitet, begleitet und nachbereitet werden. Die Vorbereitung der Besuchskontakte besteht darin, mit den jeweiligen Akteuren eine Zielsetzung des Umgangs zu formulieren, *„also allen Beteiligten deutlich zu machen, warum tut man das"* (V: 44). Mit den Pflegekindern ist im Vorfeld ein Gespräch zu führen, dass ihr Wohlergehen während des Besuchskontakts im Vordergrund steht. Fachkräfte sollten z. B. vorher in Erfahrung bringen, worauf sich die Kinder freuen, ob sie vor etwas Angst haben, was sie gerne machen möchten oder wer auf jeden Fall dabei sein sollte:

> *„Es geht darum, aus Sicht des Kindes zu gucken, wie muss die Situation gestaltet sein, damit es für das Kind gut und händelbar ist?"* (IV: 27)

Es hängt vom Alter und vom Entwicklungsstand des Kindes ab, wie man ein Kind z. B. auf hochkommende Gefühle oder einen wahrnehmbar werdenden Loyalitätskonflikt vorbereitet. Ein Augenmerk sollte darauf liegen, dass der Besuch nicht zu einer *„Verantwortungsüberforderung bei den Kindern wird"* (V: 44). Den Herkunftseltern soll der Kontakt mit ihrem Kind angeboten werden, so dass sie die Möglichkeit haben, etwas Zeit mit ihrem Kind zu verbringen und an seinem Leben teilzuhaben. Die Kontakte ermöglichen, dass eine Beziehungskontinuität zu den Kindern gewahrt bleibt, so dass Eltern auch auf längere Sicht die Entwicklung ihrer Kinder miterleben können. So wird ihnen ein strukturierter Kontakt geboten, um damit die gewiss nicht einfache Situation für die Eltern zu unterstützen. Sie können sich in der Situation schnell *„als schwächstes Glied in der Kette" (V: 63)* während des Besuchskontakts fühlen. Gleichwohl geht es in den Besuchskontakten um das Kind. Deshalb wird mit den leiblichen Eltern im Voraus darüber gesprochen, was sie als Unterstützung für ihr Kind in der jetzigen Situation tun können. Die Fachkräfte besprechen mit ihnen, was ihr Kind braucht, was es sich wünscht und was vielleicht weniger hilfreich ist. Auch mit den Pflegeeltern sollte besprochen werden, mit welcher Zielsetzung die Umgangskontakte stattfinden und welche schwierigen Situationen entstehen können:

> *„Ja, also im Pflegekinderbereich steht man immer im Spannungsfeld Kinderschutz und Umgangsrecht mit der Herkunftsfamilie. Ja, das ist sehr oft ein leidiges Thema. Sehr häufig sind die Pflegeeltern, ja naturgemäß, sehr parteilich für ihr Pflegekind und sehen da ganz viele Auffälligkeiten, Verhaltensauffälligkeiten am Pflegekind, um den Besuchskontakt herum. Schwierig ist das Thema, wenn eine Kindeswohlgefährdung vorgelegen hat, als Herausnahmegrund aus der Herkunftsfamilie, da eine Akzeptanz bei den Pflegeeltern hinzukriegen." (II: 41)*

Besonders die ersten Kontakte mit den Herkunftseltern können belastend für Pflegeeltern sein, wenn sie in der Beziehung zu ihrem Pflegekind noch unsicher sind und die Herkunftseltern für sie wenig einschätzbar sind. Viele Besuchskontakte – auch diejenigen nach der ersten Kennenlernphase – können stressig verlaufen. Aber dennoch sollten Pflegeeltern versuchen, mit den Eltern in Kontakt zu kommen und ggf. geschieht dieses in Gesprächen, die schon vor dem Besuchskontakt stattfinden. Als Fachkraft sollte man darauf vorbereitet sein, dass es aufgrund von Konflikten und Konkurrenz schnell zu Verhaltens- und Handlungsweisen der Beteiligten kommt, bei denen die Fachkräfte vermittelnd eingreifen müssen, damit die Interessen der Kinder oder Jugendlichen nicht an den Rand gedrängt werden. Es kann auch zu gravierenden Gefährdungsszenen kommen und zu unangenehmen Beeinflussungen oder falschen Äußerungen und Beschimpfungen, so dass der Besuch abgebrochen werden muss. Die Fachkräfte sind hier für den Rahmen des Besuchskontakts verantwortlich.

Im Anschluss an den Besuchskontakt ist es notwendig, das Treffen zu reflektieren und im Hinblick auf die Bedürfnisse des Kindes zu beurteilen. Die eventuell auftretenden Auffälligkeiten des Kindes rund um die Besuchskontakte werden von den Fachkräften eingeschätzt und bei Bedarf wird Rückmeldung an das Jugendamt zur Häufigkeit und Gestaltung zukünftiger Besuchskontakte gegeben:

> *„Wir begleiten die Besuchskontakte und müssen dann eine Entscheidung treffen, ist das gut oder ist das nicht gut, vereinfacht gesagt. Und das können wir natürlich nicht selber entscheiden, […], da reicht die Kompetenz nicht für. Da müssen wir einfach nur hingehen und sagen, Jugendamt wir haben hier den Eindruck, dass … oder Vormund wir haben den Eindruck, dass …"* (I: 94)

Zum Teil werden Gesprächsrunden zwischen den Herkunftseltern und den Pflegeeltern organisiert und das Verhalten des Kindes wird nach dem Kontakt gemeinsam besprochen:

> *„Wir machen auch Gesprächsrunden mit Herkunftseltern und Pflegeeltern zusammen, damit solche Dinge ausgeräumt werden können. Das Kind kam zurück und hat entweder dies und dies gesagt oder hat auf einmal das und das, hatte es vorher nicht. Wir versuchen, das möglichst auf einem partnerschaftlichen Weg zu regeln und möglichst nicht vor Gericht."* (II: 43)

Die Gestaltung des Kontakts zwischen dem Kind und der Herkunftsfamilie beschreiben die Fachkräfte als ihre Aufgabe und machen dieses auch den Kindern und Pflegeeltern gegenüber deutlich. Die Fachkräfte beschreiben sich selbst als Vermittler – als *„Postbote für Informationen"* (I: 82) – zwischen dem Kind und der Herkunftsfamilie.

Bedeutung für den Kinderschutz

Als Handlungsprinzip für einen gelingenden Kinderschutz kann auch in Bezug auf den Aspekt „Einbindung der Herkunftsfamilie" festgehalten werden, dass die Bedürfnisse des Kindes im Mittelpunkt stehen müssen. Dabei muss kontinuierlich die Frage reflektiert werden, ob die Kontakte dem Kindeswohl dienen. Das heißt, dass eine fachliche Reflexion der Kontakte durch die Fachkräfte notwendig ist. Das Verhalten der Kinder und eventuell auftretende Auffälligkeiten müssen fachlich eingeschätzt und ernst genommen werden.

> „Die Reaktion der Kinder auf den Kontakt muss sorgfältig erhoben und bewertet werden. Da Besuchskontakte fast immer Stress für beide Seiten (Herkunftseltern und Kinder) bedeuten, reflektieren Verhaltensweisen und Reaktionen nicht unbedingt immer die Beziehungsqualität, sondern stellen auch Reaktionen dar auf das Getrennt-Leben und die fremde Umgebung. Gerade bei den ersten Umgangskontakten nach der Fremdplatzierung ist die Interpretation des Verhaltens nicht einfach" (Küfner u. a. 2011: 599).

Gerade vor diesem Hintergrund zeigt sich, dass die Gestaltung und Begleitung der Besuchskontakte unabdingbar ist und die Umgangskontakte und die anschließende Reflexion nicht allein den Pflegeeltern überlassen werden kann.

Es wurde aufgezeigt, dass es für die Kinder und Jugendlichen ebenso stressig und belastend sein kann, Umgangskontakte mit den leiblichen Eltern zu pflegen, wie sie nicht zu haben. Für den Kinderschutz sind deshalb die Besuchskontakte von einer anderen Seite zu betrachten. Wenn es einen positiven Kontakt zwischen Pflegeeltern und Herkunftseltern gibt, kann das enorm entlastend für das Kind oder den Jugendlichen sein und sie fühlen sich weniger hin- und hergerissen. Mögliche Schuldgefühle oder Loyalitätskonflikte verringern sich, wenn das Kind oder der Jugendliche nicht das Gefühl hat, zwischen den zwei Familien zu stehen. Besuchskontakte können eine Zumutung für das Kind werden, wenn sich Spannungen oder ungelöste Konflikte zwischen den Erwachsenen in den Vordergrund drängen. Deshalb sollten Fachkräfte sehr dafür eintreten und den beiden Familien vermitteln, dass sie sich um ein kooperatives Miteinander bemühen, damit den Kindern ihre Sorgen zur Frage der Loyalität genommen werden. Dazu ist es hilfreich und notwendig, ein mögliches Schwarz-Weiß-Denken aufzudecken und zu reflektieren. Insbesondere wenn Kinder in der Vergangenheit durch ihre leiblichen Eltern geschädigt worden sind und deshalb ihre Familie aufgrund von Kindeswohlgefährdung verlassen haben, ist es schwierig, die leiblichen Eltern nicht nur als schlechte Eltern zu sehen, sondern auch positive Aspekte in der Erziehung und Fürsorge der Eltern zu entdecken. Ein Denken im Sinne von der ,bösen Herkunftsfamilie' und der ,guten Pflegefamilie' verfestigt sich schnell, aber spiegelt nie die Realität wider. Es darf nicht passieren, dass die Pflegefamilie zum einzigen ,guten' Ort wird. Denn wenn dort die Pflegeeltern nicht auf das Wohl des Kindes achten, kann die Gefahr darin bestehen, dass aufgrund der allzu positiven Zuschreibungen eine Vernachlässigung oder Misshandlung des Kindes oder Jugendlichen zu spät oder nicht erkannt wird. Für Fachkräfte und auch für das Kind oder den Jugendlichen selbst wird Gewalt und Vernachlässigung in der Pflegefamilie schwerer vorstellbar oder erkennbar, wenn Pflegeeltern in ihrem Tun idealisiert werden. Auch der differenzierte Blick auf die Herkunftsfamilie darf nicht vergessen werden. Ihre Fähigkeit, ihre Kinder zu erziehen und zu versorgen, bedarf nach einer vergangenen Kindeswohlgefährdung und im Verlauf des Hilfeprozesses erneuter Überprüfung, da eine Option zur Rückkehr des Kindes in eine veränderte Familiensituation gegeben sein kann. Jenseits des Schwarz-Weiß-Denkens kann mit den Kindern entsprechend ihres Alters und Entwicklungsstands ein differenzierter Blick auf das Handeln und auf das, was sowohl die Herkunftsfamilie als auch die Pflegefamilie leistet, geworfen werden.

Es ist eine Frage der Haltung, dass die beteiligten Erwachsenen ihr Denken kontinuierlich reflektieren. Als strukturelle Anforderung kann daraus abgeleitet werden, dass Zuständigkeiten zur Vor- und Nachbereitung aller Akteure und die Begleitung der Kontakte festgelegt werden müssen. Gerade bei der Frage, „wer zuständig ist für die Arbeit und Beratung, Förderung, Betreuung und Begleitung der Herkunftseltern und welche personellen und organisatorischen Ressourcen zur Verfügung stehen" (Helming u. a. 2011: 525), ist noch vieles offen. Auch im 14. Kinder- und Jugendbericht (BMFSFJ 2013) wird die Zusammenarbeit mit den Herkunftseltern als defizitär und problembehaftet beschrieben. Unter anderem wird dies mit fehlenden Ressourcen und fehlenden Konzepten begründet. „Insbesondere haben Pflegekinderdienste häufig schlicht nicht die Kapazität, um beide Familiensysteme in ausreichender Intensität zu begleiten, zu beraten und bei Krisen früh genug zu intervenieren" (ebd.: 344). „Eine Verankerung der Herkunftselternarbeit in den Pflegekinderdiensten mit entsprechenden erweiterten Ressourcen gilt es zu überlegen – sei es beim öffentlichen oder freien Träger" (vgl. Helming u. a. 2011: 527). Daran anschließend lassen sich für den Kinderschutz in der Pflegekinderhilfe folgende Empfehlungen formulieren:

a) Den Pflegekindern und den Herkunftseltern sollen Umgangskontakte ermöglicht werden, da Eltern ein Leben lang Eltern bleiben und für Kinder ein wichtiger – vielleicht schwieriger – Teil ihres Lebens sind. Es sei denn, Kinder oder Jugendliche möchten den Kontakt nicht oder das Wohl der Kinder ist nicht gewährleistet. Es kann von fachlicher Seite Gründe geben, Umgangskontakte zeitweise auszusetzen, aber eine Option auf einen späteren Zeitpunkt soll gegeben sein. Diese Befürwortung der Umgangskontakte ist eng verbunden mit der Empfehlung der fachlichen Begleitung des Umgangs. Wie oben dargelegt stellt ein Umgangskontakt eine äußerst komplexe und sozial schwierige Situation dar, so dass zum Schutz der Kinder die Kontakte nur durch Fachkräfte begleitet stattfinden sollen. Wenn Pflegeeltern und leibliche Eltern wirklich gut miteinander kooperieren und bei Schwierigkeiten die Fachkräfte mit einbinden und das Kind sich gerne mit seinen leiblichen Eltern trifft, kann der Umgang ggf. ohne Begleitung stattfinden. Aber so lange Kinder sich in den Kontakten unwohl fühlen und Konflikte zwischen den Erwachsenen vorhersehbar sind, ist es fachlich geboten, den Umgang zu begleiten. Es ist Aufgabe der Fachkräfte, die Situation des Kontakts einzuschätzen. An erster Stelle steht das Wohl des Kindes und erst danach das Recht der Eltern auf Kontakt zu ihren Kindern. Für den begleiteten Umgang sollen Konzepte erstellt werden, die auf den Vereinbarungen im Hilfeplangespräch basieren und in denen eine transparente Struktur und das Setting der Kontakte dargestellt werden sowie ein geeigneter Ort ausgewählt wird. Wichtige handlungsleitende Fragen sind hier, wie die Herkunftseltern ihr Kind in der Pflegefamilie unterstützen können und wie sie einen für das Kind positiven Kontakt herstellen und halten können. Diese Fragen lassen sich als übergeordnete Ziele in den Umgangskontakten beschreiben.

b) Die Arbeit mit der Herkunftsfamilie ist ein wichtiger Aspekt in der Pflegekinderhilfe. In ihrer grundlegend veränderten Situation benötigen die leiblichen Eltern Unterstützung, die ebenso in Form einer Begleitung durch
   Fachkräfte der Pflegekinderdienste oder des Allgemeinen Sozialen Dienstes
   angeboten werden sollte. Eltern, die gut begleitet werden, können gestärkt in
   die Besuchskontakte mit ihren Kindern und in den Austausch mit der Pflegefamilie gehen, und können so eher ihren Kindern eine Sicherheit vermitteln,
   dass das, was zwischen Pflegefamilie, Herkunftsfamilie und Pflegekind vereinbart ist, auch richtig ist und die Zustimmung der Eltern erfährt.

In der Begleitung der Herkunftsfamilie können mehrere Themen Platz finden.
Zum einen werden Eltern mit der Vergangenheit und den Ursachen für die Inpflegenahme beschäftigt sein. Wenn Eltern dieses wünschen, können Fachkräfte
sich mit ihnen zu Fragen zu den Vorkommnissen oder Ursachen, die zur Vollzeitpflege führten, auseinander setzen. Der Blick auf die Biografie der Eltern,
ihr Erziehungsverständnis und ihre Lebensumstände kann hilfreich sein. Dieser Prozess kann durch Fachkräfte der Sozialen Arbeit unterstützt werden oder
Eltern wählen eine andere Form der Auseinandersetzung (z. B. Therapie oder
Selbsthilfegruppen). Neben den Fragen zur Vergangenheit haben Eltern sich insbesondere mit ihrer jetzigen Situation auseinanderzusetzen. Wie können sie ihre
Elternschaft ohne Kinder, die bei ihnen leben, gestalten und wie sieht ihre Rolle
als Mutter oder als Vater aus, wenn man das Kind nur bei Besuchskontakten sehen kann oder nur mittelbaren Kontakt über die Fachkräfte oder Pflegeeltern
hat. Gibt es ein inneres Einverständnis zur Hilfe durch eine Pflegefamilie? Diese
Fragen gilt es, in der Begleitung der Herkunftseltern im Vorfeld anzugehen, damit die Befindlichkeiten der Herkunftsfamilie in den Umgangskontakten nicht
zu viel Raum einnehmen. Im Interesse ihres Kindes sollten sich Eltern auch mit
der Situation ihres Kindes beschäftigen, denn für die Kinder ist ihre jetzige (Le-
bens-)Situation wichtig und wie sich die Eltern dazu verhalten. Eine bedeutsame
Frage ist hier, wie sie ihre Kinder in ihrer Situation unterstützen können. Nicht
die eigene – wahrscheinlich schwierige – Situation steht im Fokus, sondern es ist
zu fragen, wie es dem Kind in der neuen Familie geht und wie es gelingt, dass das
Kind dort glücklich wird und zufrieden ist im Kontakt mit den leiblichen Eltern.

Kontakt der Pflegekinder zu ihren Geschwistern

Bisher ist im Zusammenhang mit der Herkunftsfamilie nur von den Eltern ausgegangen worden. Dabei können die Geschwister der Pflegekinder ebenso wichtige
Bezugspersonen darstellen, die sie womöglich in der Herkunftsfamilie zurück
gelassen haben und mit dessen Trennung sich Pflegekinder auseinandersetzen

müssen. Pflegekinder sollten danach gefragt werden, ob sie sich mit ihren Geschwistern treffen möchten, und es sollten Möglichkeiten geschaffen werden, dass die Geschwister sich untereinander sehen können. Die beteiligten Erwachsenen haben sich dazu zu verständigen, wer die Pflegekinder in ihrem Kontakt mit Geschwistern unterstützt und begleitet.

3.5 Vormünder als Vertrauensperson des Mündels

Die Rolle und Aufgaben des Vormundes haben durch die Gesetzesänderungen „eine quantitative und qualitative Aufwertung erfahren, und die Beziehungsgestaltung zwischen den Beteiligten eines Pflegeverhältnisses ist dadurch noch ein wenig anspruchsvoller geworden" (Simon 2014: 610).[7] Diese nicht einfache Beziehungsgestaltung zwischen allen beteiligten Akteuren in einem Pflegeverhältnis wird auch in den Interviews mit den Fachkräften zum Ausdruck gebracht, wobei hier nicht zwischen den Formen der Vormundschaften, wie Amtsvormundschaft, Vereinsvormundschaft und Einzelvormundschaft differenziert wurde. Die Aufgaben der Vormünder lassen sich nicht eindeutig zu einem Themenbereich bzw. zu einer beschriebenen Säule, wie die Begleitung der Pflegeltern oder die Begleitung der Pflegekinder, zuordnen. Vielmehr wird deutlich, dass der Vormund ein weiterer Beteiligter im System ist, der mit allen Bereichen Berührungspunkte hat. „Viele Vormünder haben ihre Rolle und Aufgaben in den letzten Jahren neu interpretiert und investieren viel Zeit, Engagement und Fantasie in den Aufbau einer lebendigen Beziehung zu ihrem Mündel und seiner Pflegefamilie" (Simon 2014: 614). Gerade das Gesetz zur Änderung des Vormundschafts- und Betreuungsrechts hat diese Entwicklung gefördert und in die Fläche gebracht. In § 1793 Abs. 1a BGB heißt es:

> „Der Vormund hat mit dem Mündel persönlichen Kontakt zu halten. Er soll den Mündel in der Regel einmal im Monat in dessen üblicher Umgebung aufsuchen, es sei denn, im Einzelfall sind kürzere oder längere Besuchsabstände oder ein anderer Ort geboten."

Neben dem regelmäßigen Kontakt wurde mit der Reform in § 1800 BGB ein Satz eingefügt, der die persönliche Verantwortung des Vormundes betont:

> „Der Vormund hat die Pflege und Erziehung des Mündels persönlich zu fördern und zu gewährleisten."

---

7 Im Folgenden wird ausschließlich auf die Situation einer „externen" Vormundschaft (Amtsvormundschaft, Vereinsvormundschaft, Einzelvormundschaft), die nicht bei den Pflegeeltern liegt, eingegangen. Die Vor- und Nachteile einer Vormundschaft bei den Pflegeeltern wurden in den Interviews nicht thematisiert.

Die Erfahrungen der Interviewpartner aus den Pflegekinderdiensten zeigen, dass die Vormünder ihre Beziehungen zu ihrem Mündel unterschiedlich gestalten und es viele verschiedene Facetten gibt, die nicht nur auf die unterschiedlichen Formen der Vormundschaften zurückgeführt werden können. Die Kontakthäufigkeiten zwischen den Pflegekindern und ihren Vormündern ist auch nach der Reform des Vormundschaftsrechts unterschiedlich. Es gibt Vormünder, die sich regelmäßig mit den Pflegekindern treffen. Daneben gibt es nach der Darstellung der Fachkräfte aber auch Vormünder, bei denen sich der Kontakt auf das Hilfeplangespräch beschränkt:

> „Wir haben leider auch eine durchaus nicht zu vernachlässigende Zahl von Vormündern, die sieht man einmal im Jahr im Hilfeplangespräch. Auch nach der Reform des Vormundschaftsgesetzes oder nicht mal da, auch das gibt es, also es gibt auch Kinder, die kennen ihren Vormund nicht." (VII: 131)

Einige Vormünder machen die Kontakthäufigkeit von der Ausgestaltung der Begleitung der Familie durch den Pflegekinderdienst abhängig und differenzieren beispielsweise ihre Besuchszeiten zu den Pflegekindern danach, in welchen Familien regelmäßig eine Fachkraft eines freien Trägers ist. Eine Interviewpartnerin beschreibt dies wie folgt:

> „Bei einer Westfälischen Pflegefamilie, wo jeden Monat ohnehin der Berater oder die Beraterin sitzt, muss ich nicht noch alle vier Wochen das Kind sehen, da ist ja eine Grundlage einer regelmäßigen Kontrolle gegeben. Da glaube ich, gibt es andere Familien, die davon eher profitieren können. Und andere Pflegekinder, dass sie einen festen Ansprechpartner haben, und sind da, wo es eben nicht einen freien Träger gibt, der monatlich da ist." (VII: 138)

Auch eine hohe Fallbelastung der Vormünder kann als eine Begründung für einen selteneren Kontakt herangeführt werden. Die Fallzahlbelastung der Vormünder ist unterschiedlich, wobei zu beobachten ist, dass diese im Durchschnitt gesunken ist (vgl. Katzenstein 2014: 606). Da statistische Daten und Forschungen zu Fallzahlen von Vormündern fehlen, ist kein genauer Überblick vorhanden und es kann lediglich auf Erfahrungswerte zurückgegriffen werden. Die fachliche Leiterin des Deutschen Instituts für Jugendhilfe und Familienrecht e. V., Henriette Katzenstein, führt dazu aus:

> „Während noch vor wenigen Jahren Fallzahlen selbst von über 100 bei einer Vollzeitstelle nicht selten anzutreffen waren, bewegen sich die Zahlen nach Erfahrungen […] gegenwärtig zwischen etwa 35 und immerhin noch etwa 70 Kindern bzw. Jugendlichen, die einem Vormund/einer Pflegerin in Vollzeit anvertraut sind. […] In sehr vielen Kommunen scheint die Zahl 50 Richtzahl zu sein. Es ist allerdings auch bekannt, dass eine gesetzeskonforme und verantwortliche Aufgabenwahrnehmung

von Vormündern und Pfleger/inne/n auch bei Fallzahlen von 50 kaum möglich ist" (Katzenstein 2014: 606).

Die Auswertung der Interviews mit den Fachkräften der Pflegekinderdienste hat gezeigt, dass gerade mit den Vormündern, die regelmäßig in den Familien sind, die Zusammenarbeit und die Rolle zwischen allen beteiligten Akteuren thematisiert und geklärt werden muss:

> *„Also sehr wichtig ist, bei den Vormündern, die intensiv in den Familien sind, dass wir eine Rollenklärung vornehmen." (VII: 138)*

Die Kontakte der Vormünder zu ihren Mündel gehen größtenteils mit einem intensiveren Kontakt zu den Pflegeeltern einher und können nicht als losgelöst betrachtet werden. Die Interviewpartner/innen beschreiben, dass sich der Kontakt nicht nur auf die Kinder beschränkt und die Vormünder häufig eine Beratung der Pflegeeltern übernehmen und zum Teil versuchen, sich *„in die Erziehung einzumischen"* (V: 90). Der Konflikt besteht vor allem darin, dass ein *„Einmischen"* nicht in Absprache und Zusammenarbeit mit den Berater/inne/n der Pflegefamilien geschieht:

> *„Da tun sich dann gleich wieder neue Räume von Konkurrenzmöglichkeiten auf, zwischen dem Vormund und uns Beratern. Zwischen Vormund und Jugendamt dann zum Teil auch und so weiter. [...] Ich finde, es ist strukturell nicht richtig angebunden. Weil das ist so ein bisschen wie, als wenn wir mit zwei Trägern in einer Familie wären." (V: 90)*

Es wird vor allem problematisch, wenn die Vormünder und die Fachkräfte die Familien unterschiedlich beraten und es keinen Austausch untereinander gibt:

> *„Es gibt natürlich manchmal Vormünder, die sich viel in Gespräche mit den Pflegeeltern begeben und dann auch eher so eine beratende Rolle einnehmen. Wenn sich das dann zu einhundert Prozent inhaltlich decken würde, wäre es einfach doppelt. Aber natürlich gibt es dann einzelne Themen, wo vielleicht die unterschiedlichen Haltungen deutlich werden." (VII: 138)*

Eine Kooperationsbeziehung ist bisher keinesfalls selbstverständlich und die Ausgestaltung der Zusammenarbeit sehr unterschiedlich. Die Qualität der Kooperationsbeziehung wird als abhängig vom jeweiligen Vormund beschrieben. Die Spannbreite ist hier sehr breit und reicht von *„regelmäßigem und engem Austausch"* bis zu einer *„sehr problematischen Zusammenarbeit".* Jedoch stellen alle Interviewpartner/innen eine verlässliche Kooperationsbeziehung als wünschenswert heraus und betonen die Notwendigkeit der strukturellen Weiterentwicklung der Zusammenarbeit. Dabei geht es nicht nur um einen Austausch in Krisen oder

„um typische Vormundschaftsanliegen, also juristischer Art, Anträge, Bewilligungen" (VII: 138), sondern vielmehr um eine krisenunabhängige Kooperation und darum, *„einfach grundsätzlich im Austausch zu bleiben"* (ebd.).

Gerade dadurch, dass die Vormünder einen intensiveren Kontakt zu den Kindern und den Pflegefamilien haben und somit eine erweiterte Grundlage haben, am Hilfeplan mitzuwirken und sich eine eigenständige Meinung zu bilden, steigt der Bedarf an Abstimmung mit den anderen beteiligten sozialen Diensten (vgl. Katzenstein 2014: 608).

> *„Wenn sie jetzt noch zehnmal zwischendurch da sind, dann ist das sozusagen 'ne richtig komplizierte Angelegenheit. Also, da ist was gemacht worden ohne 'ne strukturelle Weiterentwicklung, sage ich jetzt mal."* (V: 90)

Zum Teil wurden bereits Kooperationsvereinbarungen zwischen Vormündern und sozialen Diensten entwickelt und regelmäßige Kooperationstreffen vereinbart:

> *„Wir haben immer wieder Kooperationstreffen, schon über längere Zeit, aber immer auch wieder Kooperationsbedarf und große Kooperationsthemen. Es ist immer eine Frage, wie diese Schnittstellen gut funktionieren können [...]. Alle haben das Kind in der Mitte und eigentlich ist es ja ein großer Wert, von unterschiedlichen Blickrichtungen zu gucken. Aber es bedeutet eben auch eine ganz große Herausforderung, das gut gelingen zu lassen. Das ist für uns immer wieder ein Thema. Es gibt gute und leichte Kooperationen und es gibt so die, die schwer sind, nicht gut gelingen, anstrengend sind."* (VI: 127)

Hier wird sehr deutlich, dass diese Gestaltung der Zusammenarbeit zwingend notwendig, aber immer wieder auch mit Stolpersteinen verbunden ist und als anstrengend empfunden wird (vgl. Kapitel 3.6).

Bedeutung für den Kinderschutz

Auf der Basis einer verbindlichen Rollenklärung und einer Weiterentwicklung der strukturellen Anbindung haben die Vormünder als zusätzliche Vertrauensperson im System der Pflegekinderhilfe für einen gelingenden Kinderschutz eine wichtige Bedeutung:

> *„Wenn das gut gelingt, finde ich das fantastisch. [...] Wir tauschen uns aus. Wir sind gut informiert. Zum Thema Kinderschutz wäre das eine ganz fantastische Lösung, sich gegenseitig zu verbinden und auch zu entlasten. Gemeinsam da Brücken bauen."* (VI: 131)

Der Vormund hat mit seinem Aufgabenzuschnitt das Kind im Fokus und kann als exklusive Vertrauensperson für das Pflegekind fungieren. Als konzeptionell und gesetzlich verankerte eigene Ansprechperson für das Kind kann der Vormund eine wichtige Ressource im Leben des Kindes darstellen (vgl. Kapitel 3.3). Der Vormund kann den aktiven Einbezug des Pflegekindes und dessen Perspektive unterstützen. Wie auch für die Begleitung der Pflegeeltern durch die Fachkräfte der Pflegekinderdienste beschrieben, ist eine vertrauensvolle Beziehung die Voraussetzung für eine wirkungsvolle Unterstützung und Begleitung und die sicherste Grundlage, um den Schutz des Kindes zu gewährleisten. Wenn der Vormund seine Rolle ausgestaltet und einen vertrauensvollen Kontakt zum Kind bzw. Jugendlichen hat, kann die Vormundschaft zu einer wichtigen Ressource werden. Beispielsweise kann der Vormund zur Kontinuität im Leben eines Kindes beitragen oder einen nüchternen Blick auf die komplexe Frage der Besuchskontakte, bei der beide Familien des Kindes aus guten Gründen emotional stark engagiert sind, werfen (vgl. Simon 2014: 611). Gerade ehrenamtliche Einzelvormünder können „durch die stärkere Beziehungsnähe eine gute Ergänzung zur Amtsvormundschaft" (Bathke 2006: 162) darstellen und zu einer zentralen Bezugsperson für den Mündel werden.

In den dargelegten Ausführungen konnte aufgezeigt werden, dass eine gelingende Zusammenarbeit zwischen den Beteiligten eines Pflegeverhältnisses noch ein wenig anspruchsvoller geworden ist und eine gemeinsame Gestaltung der Schnittstelle notwendig ist. Damit eine verlässliche Kooperation zwischen allen Beteiligten aus dem Helfersystem gelingen kann, braucht es einen verbindlichen und strukturell verankerten Austausch, welcher nicht auf Krisensituationen beschränkt sein darf. Vielmehr braucht es Raum zur grundlegenden Klärung der Zusammenarbeit und der Beschreibung der unterschiedlichen Rollen. Strikte Rollenklärungen und Zuständigkeitsverteilungen, wie eine klare Trennung zwischen der Beratung der Pflegeeltern durch die Fachkräfte der Pflegekinderdienste und die Begleitung des Kindes als Aufgabe des Vormundes, sind ohne Absprachen zwischen den Beteiligten nicht realistisch.

> „Es braucht deshalb zwischen den Beratungsfachkräften und dem Vormund grundlegende und aktuelle Verständigungen und Vereinbarungen darüber, wer wann und mit welcher Zielsetzung mit der Pflegefamilie beratende und/oder klärende Gespräche führt" (Simon 2014: 615).

Im folgenden Kapitel wird genauer auf die Zusammenarbeit und Kooperation aller Beteiligten eingegangen.

3.6 Zusammenarbeit und Kooperation aller Beteiligten

In diesem Kapitel wird die elementare Bedeutung der Kooperation der beteiligten Fachkräfte in der Pflegekinderhilfe beschrieben. Da sich insbesondere im Kinderschutz der Wert der alternativlosen Zusammenarbeit aufzeigen lässt, werden die Kooperation und das fachliche Wirken der Beteiligten hier am Vorgehen in Kinderschutzprozessen dargestellt.

Ein professioneller Blick auf das Aufwachsen eines Kindes oder eines Jugendlichen in einer Pflegefamilie zeigt, dass es sehr viele beteiligte Menschen, in sehr unterschiedlichen Rollen, mit unterschiedlichen Aufgaben, Interessen, Befugnissen und Anliegen gibt. Wenn man sich ein Bild vorstellt, in dem das Kind oder die/der Jugendliche in der Mitte steht, lassen sich rundherum folgende Beteiligte und Akteure aufzählen: zwei verschiedene Familien, die jeweils eine Anbindung zu einem Helferkreis haben; in der Regel der Pflegekinderdienst für die Pflegeeltern – beim freien oder öffentlichen Träger angesiedelt – und der Allgemeine Soziale Dienst für die Herkunftsfamilie. Des Weiteren kann es einen Vormund geben, wenn die leiblichen Eltern nicht mehr die elterliche Sorge innehaben, und gegebenenfalls ist das Familiengericht involviert. Im Fall dessen, dass gewichtige Anhaltspunkte für eine Kindeswohlgefährdung erkennbar werden, hat der freie Träger eine Kinderschutzfachkraft (insoweit erfahrene Fachkraft nach § 8a Abs. 4 SGB VIII) hinzuzuziehen. Erweitert man den Blick, können auch Schule oder Kindertagesstätte oder weitere Vereine, der Sozialraum, offene Angebote der Kinder- und Jugendhilfe und das Gesundheitswesen zum Netzwerk hinzugezählt werden.

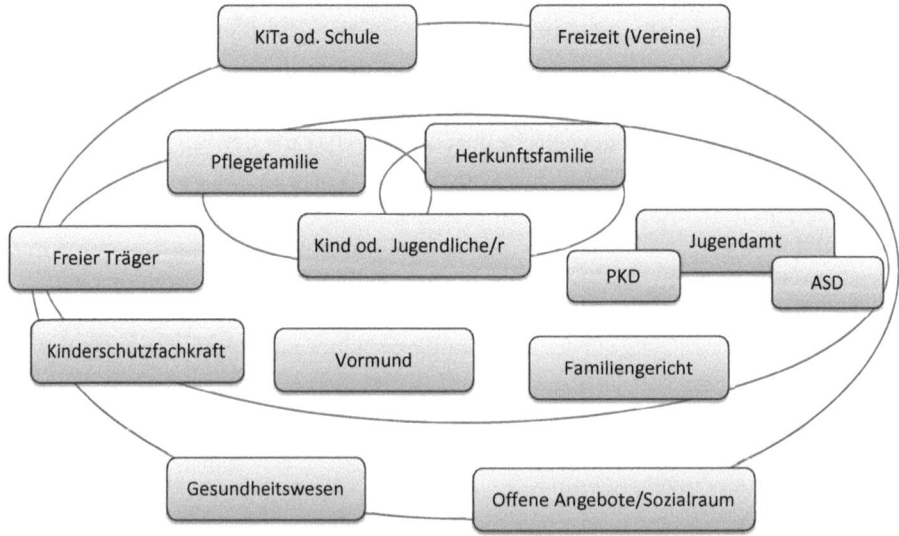

Abbildung 1:   Beispiel für die Beteiligten im Kinderschutz in der Pflegekinderhilfe

Pflegekinder und ihre Herkunftsfamilien werden hier ebenso als Kooperations-partner angesehen. Ihre Kooperationsaufgabe lässt sich im Zusammenhang mit dem Hilfeplan als Aufforderung zur Zusammenarbeit mit den professionellen Fachkräften begreifen. Diese Zusammenarbeit beinhaltet die professionelle Un-terstützung von Seiten der Fachkräfte sowie ein gegenseitiges Mitgestalten und Mitwirken an der gewährten Hilfe, so dass die vereinbarten Ziele erreicht werden können und die Klient/inn/en auch unmittelbar am Hilfeprozess beteiligt sind. Von den Pflegeeltern, als sogenannten Semi-Professionellen, wird grundsätzlich erwartet, dass sie die Fachkräfte über wichtige Ereignisse informieren. Der Hilfe-plan und die gemeinsam formulierten Ziele der Hilfe unterstreichen den Ansatz der Zusammenarbeit (§ 36 SGB VIII).

Wenn es nun um Anhaltspunkte für eine Kindesvernachlässigung oder Miss-handlung geht, können diese Punkte an *einer* Stelle im Umfeld des Kindes oder Jugendlichen bekannt werden. Neben der höchst komplexen Frage, wie die An-haltspunkte einzuordnen und zu bewerten sind, stehen die betreffenden Akteure nun vor der Herausforderung zu handeln. Das bedeutet, dem Kind oder dem Jugendlichen zuzuhören, Entscheidungen zu treffen und die Informationen an die richtigen Stellen und Personen weiterzuleiten und mögliche erste Schritte einzuleiten, um dem Kind zu helfen. Abhängig davon, in welcher Institution die Anhaltspunkte zuerst bekannt werden, sind die Fachkräfte verpflichtet, Hilfen und Unterstützung anzubieten, dabei eigene Unterstützungsmöglichkeiten und -kapazitäten zu prüfen und gleichzeitig die Unterstützungsmöglichkeiten des Helfersystems mit im Blick haben. Aber ein einzelner Akteur kann Situationen mit Verdacht auf Kindeswohlgefährdung nicht alleine klären. Es stellen sich die Fragen, welche Akteure im Netzwerk zu welchem Zeitpunkt zu informieren und einzubeziehen sind und wer die Pflegeeltern oder die Herkunftseltern mit einbezieht. Die Komplexität des Netzwerks in der Pflegekinderhilfe macht es er-forderlich, dass die Akteure voneinander wissen und sich kennen und dass die Aufgaben der jeweils anderen Institutionen und Personen bekannt sein müssen, um abgestimmt handeln zu können.

Handlungsprinzipien

Ein sich daraus ergebendes bedeutsames Handlungsprinzip ist die Bereitschaft zur unerlässlichen, oft anstrengenden Zusammenarbeit. Kooperation ist ein sehr häufig benutzter Begriff in der Sozialen Arbeit. Damit er nicht zu einer Floskel wird oder nur einer formalen Ebene Genüge getan wird, ist die Motivation der einzelnen Akteure zur Zusammenarbeit eine entscheidende Größe. Diese Moti-vation kann sich einstellen, wenn die Sinnhaftigkeit in der gemeinsamen Arbeit für alle Beteiligten sichtbar wird. Die Zusammenarbeit ist nicht nur etwas Aufaddiertes, sondern schafft neue Möglichkeiten in der Arbeit mit den Klient/inn/en. Dabei muss sich der Nutzen der Zusammenarbeit sowohl für die Institution als auch für die persönliche Arbeit der jeweiligen Fachkraft ergeben:

> *„Es gibt gute und leichte Kooperationen und es gibt so die, die schwer sind, nicht gut gelingen, anstrengend sind." (VI: 127)*

Aus diesem Zitat lassen sich die Fragen ableiten, aus welchen Gründen eine Kooperation als schwer und anstrengend empfunden wird und ob es Möglichkeiten zur Veränderung gibt. Wenn eine Zusammenarbeit dauerhaft als zu anstrengend beschrieben wird, darf es insbesondere im Kinderschutz nicht passieren, dass diese deshalb vermieden oder nicht genutzt wird.

In der Pflegekinderhilfe gibt es viele Rollenträger und Beteiligte von unterschiedlichen Institutionen. Ihre jeweiligen Aufträge können sich widersprechen und der freie Träger, der in der Pflegefamilie arbeitet, hat andere Interessen als der Allgemeine Soziale Dienst, der mit den Herkunftseltern einen Unterstützungsplan ausgearbeitet hat, und der Vormund möchte im Interesse des Pflegekindes seinen Auftrag erledigen. Kooperation bedeutet hier auch Aushandlung der unterschiedlichen Interessen und Abstimmung der Aufträge. Besonders im Kinderschutz gilt es, dem oft gebrauchten Grundsatz der Orientierung am Wohl des Kindes konsequent Rechnung zu tragen und ein gemeinsames Verständnis und Ziel im Kinderschutz auszuhandeln.

Strukturelle Bedingungen

Auf der strukturellen Ebene ergeben sich für einen gelingenden Kinderschutz sowohl Bedingungen für die Kooperation in konkreten Kinderschutzfällen als auch für eine fallunabhängige Zusammenarbeit.

Wie auch in den Interviews häufig erwähnt, braucht es in einem sich anbahnenden möglichen Kinderschutzfall den Rückgriff auf vorher vereinbarte Strukturen zum Umgang mit Anhaltspunkten. Für alle oben in der Abbildung erwähnten Akteure – sowohl auf der Ebene der Klient/inn/en als auch auf der Ebene der Fachkräfte – bedarf es festgelegter Aufgaben und Verfahrenswege, wer sich an wen wenden muss (oder kann), wer hinzugezogen werden muss und wer welche Informationen benötigt.

Die Begleitung und die Ansprechpartner/innen für die Pflegekinder, für die Herkunftsfamilien und Pflegefamilien, wenn es um Sorgen und Nöte geht, wurden in den vorangegangenen Kapiteln erörtert. Für den Kinderschutz ist es wichtig, dass die Pflegekinder wissen, dass die Ansprechpartner/innen sich kümmern, wenn sie von Themen der Vernachlässigung und Misshandlung berichten, egal durch welche Person sie diese erfahren haben. Pflegeeltern und leibliche Eltern müssen ebenso wissen, dass ihr Kind Vernachlässigung und Gewalt trotz der schon installierten Hilfe erfahren kann und dass diese von der jeweils anderen Familie, von den jeweiligen Partner/inne/n oder Fachkräften der Jugendhilfe oder anderen Personen im Umfeld ausgehen kann. Ihnen muss der Weg, an welche konkrete Person sie sich in solchen Situationen wenden können, bekannt sein.

Auf der Ebene der Fachkräfte braucht es abgestimmte, fachlich qualifizierte Kinderschutzkonzepte, die den Fachkräften bekannt sind und auf die sie ‚routiniert' zurückgreifen können. In diesen Konzeptionen sollte folgendes aufgenommen sein:

a) Kooperation ist eine strukturell eigenständige, fachliche Aufgabe, die als fester Auftrag in der Zusammenarbeit verankert werden soll. Die Definition der Kooperation als fachlicher Auftrag soll einem leicht beliebigen Vorsatz der ‚guten Zusammenarbeit' nicht nur mehr Verbindlichkeit verleihen, sondern auch Diskussionen um zeitliche und monetäre Ressourcen für die Kooperation, die möglicherweise bei jedem Fall neu geführt werden, obsolet werden lassen. Vielleicht werden auch Diskussionen mit verstecktem Macht- und Prestigegebaren hinfällig, wenn Kooperation als gemeinsam zu erfüllende Aufgabe verstanden wird, über die nicht fortgesetzt verhandelt werden muss.

b) Alle in der Abbildung aufgezählten professionellen Akteure benötigen ein Kinderschutzkonzept, das einen eindeutigen und verbindlichen Verfahrensweg nach Vorgaben des § 8a Abs. 1 SGB VIII für den Allgemeinen Sozialen Dienst und den Pflegekinderdienst oder § 8a Abs. 4 SGB VIII für die freien Träger enthält. Hilfreich sind hier Ablaufdiagramme, in denen die einzelnen Schritte mit den zu beteiligenden und informierenden Personen klar ablesbar sind. Dieser Verfahrensweg ist mit den internen Strukturen und Kinderschutzkonzepten anderer Arbeitsfelder des Trägers abzugleichen. Die fachlichen Schritte im Kinderschutz sind grundsätzlich in der Pflegekinderhilfe nicht anders als in anderen Arbeitsfeldern, allerdings sind mehr Akteure beteiligt, so dass es mehr Schnittstellen gibt. Die Zusammenarbeit zwischen den freien Trägern oder den Pflegekinderdiensten der Jugendämter und den Allgemeinen Sozialen Diensten ist sicherlich in der Alltagsarbeit eine der wichtigsten Schnittstellen. Im jeweiligen Verfahrensweg im Kinderschutz muss eindeutig ablesbar sein, an welcher Stelle sich über beobachtete Anhaltspunkte gegenseitig informiert wird. Fallbezogen werden die Personen benannt, die für die Informationsweitergabe verantwortlich sind und zu informieren sind.

> *„Auf jeden Fall haben wir uns gegenseitig dazu verpflichtet, uns zu informieren, sobald irgendetwas auffällig ist." (II: 30)*

Über die Absprachen zur gegenseitigen Information hinaus ist es zudem sinnvoll, wenn der freie Träger bzw. Pflegekinderdienst und der Allgemeine Soziale Dienst gemeinsame Abläufe und Logiken im Kinderschutz entwickeln und Konzepte ausarbeiten.

Des Weiteren sind Akteure wie die Kinderschutzfachkraft (bei den freien Trägern), die Vormünder und das Familiengericht in den Verfahrenswegen aufzuführen – ebenso wie Vorgaben dazu, welche Informationen weitergeleitet werden müssen. Umgekehrt müssen Vormünder einen Verfahrensweg entwickeln, der im Kinderschutz niemanden vergisst und der die Möglichkeit bietet, dass Vormünder durch die Zusammenarbeit mit weiteren beteiligten Fachkräften ihren Auftrag als Vormund erfüllen können. Familienrichter/ innen brauchen ebenso Verfahrenswege, die gewährleisten, dass sie die notwendigen Informationen für ihre Entscheidung bekommen und dass es einen Austausch nicht nur über eine juristische Perspektive, sondern auch über eine pädagogische und kinderschutzspezifische Perspektive gibt (ggf. auch therapeutische oder weitere Fachmeinungen).

Zusammengefasst bedeutet Kooperation im Kinderschutz nicht nur Informationsweitergabe an die richtigen Stellen, sondern an den Schnittstellen soll ein Austausch der beteiligten Akteure stattfinden. Es geht darum, sich gegenseitig über Beobachtungen, Gefährdungseinschätzungen, Deutungen und Dokumentationen in Kenntnis zu setzen. Eine handlungsleitende Frage ist hier, welche Informationen mein Gegenüber braucht, um fachlich gut handeln zu können und damit ein Unterstützungsprozess für das Pflegekind eingeleitet werden kann. Pflegekinder, Pflegeeltern und Herkunftseltern sind in diesem Prozess zu beteiligen, da Kinderschutz kaum nur auf der Ebene der professionellen Fachkräfte gelingen kann.

c) Ein drittes Kriterium für Kinderschutzkonzepte ist die Verknüpfung des Kinderschutzhandelns mit der individuellen Hilfeplanung und damit die Bedeutung des Hilfeplangesprächs als ein zentrales Kinderschutzelement in der Pflegekinderhilfe. Dazu Schrapper (2014):

> *„Hilfeplanung als einen konstruktiven Arbeitsprozess der Analyse, Planung und Kontrolle mit aktiver Beteiligung von Kindern und Eltern, Herkunftseltern ebenso*

wie Pflegeeltern verständigungsorientiert und verbindlich zu gestalten, ist zuerst
und wesentlich Aufgabe und Verantwortung der Fachkräfte des Öffentlichen Trä-
gers" (Schrapper 2014: 46).

Ein Interviewteilnehmer äußert folgende Meinung:

„Also für mich ist es […] so, dass ich denke, wir haben ja dieses unglaublich, finde
ich, gute Verfahren der Hilfeplanung, wo man je eigentlich ganz viele Dinge sehr,
sehr gut steuern kann. Vor allen Dingen die Zielformulierung und Maßnahmen
sozusagen selber steuern kann. Was meines Erachtens eher, ich sag mal, höchstens
mit 'ner vier, manchmal vier minus oder auch fünf genutzt wird. Also, da ist viel
Luft nach oben. Insbesondere auch, was das Definieren der Rollen der einzelnen
Beteiligten auch angeht." (V: 80)

Beide Aussagen unterstreichen die Bedeutung des Hilfeplans und des Hilfeplangesprächs. Der einzelne Verfahrensweg eines Trägers oder eines Akteurs,
nach dem bei der Beobachtung von Anhaltspunkten gehandelt wird, und der
begonnene Austausch mit weiteren Akteuren müssen im Hilfeplan ihre Fort-
führung mit allen Beteiligten finden. Der Prozess des Kinderschutzhandelns,
der unzusammenhängend beginnt, wird damit auf die Kooperationsebene
gehoben und als gemeinsames Handeln verstanden. Allerdings ist es bei so
vielen beteiligten Akteuren unerlässlich, dass ein Träger oder Akteur den
Hilfeprozess verantwortlich steuert. Das ist hier der öffentliche Träger, wobei
kommunal unterschiedlich entweder der Allgemeine Soziale Dienst oder der
Pflegekinderdienst die Federführung für die Hilfeplangespräche hat. Wenn
eine Erziehung zum Wohl des Kindes nicht gewährleistet ist oder wenn gewichtige Anhaltspunkte für eine Kindeswohlgefährdung vorliegen, hat der
öffentliche Träger u.a. die Aufgabe, ein Hilfeplangespräch zu terminieren,
weitere Akteure, die zum Hilfeprozess beitragen können, zu identifizieren,
unter Wahrung und Nutzung der Differenz aller Beteiligten die unterschiedlichen Sichtweisen zur Situation des Kindes zusammenzubringen und die
Lösungsmöglichkeiten zur Abwendung der Anhaltspunkte oder der Kindeswohlgefährdung in den Hilfeplan einzubetten.

d) Die Qualität für das kooperative fachliche Handeln muss erarbeitet werden.
   Neben der Motivation zur Zusammenarbeit sind sicherlich die Erfahrung und
   die Sicherheit im Kinderschutzhandeln prägend für den weiteren Verlauf und
   für das Gelingen einer Hilfe. Durch einen trägerübergreifenden Austausch
   z. B. in Form von Arbeitskreisen oder Fortbildungen zu den Themen Kinderschutz und Kooperation, Fallsupervision oder kollegiale Beratung zu Kinderschutzfällen kann Handlungswissen aufgezeigt werden. Durch Reflexion des

praktischen Vorgehens werden Erfahrungen bereichert und die Handlungssicherheit wird erhöht.

Eine perfekte Kooperation, in der alle wesentlichen Akteure beteiligt sind und sich ausreichend informiert fühlen, lässt sich vielleicht nicht durchgehend erreichen. Es darf nicht übersehen werden, dass in der Realität divergierende Aufträge, ökonomische Zwänge und unterschiedliches Verständnis der Kooperation eine ideale Zusammenarbeit kaum zulassen. Das bedeutet aber nicht, dass die Beteiligten es nicht versuchen und gemeinsame Ziele anstreben.

4 Zusammenfassung der Empfehlungen für den Kinderschutz in der Fremdpflege

Zu Beginn wurde sich zunächst mit der Fragestellung beschäftigt, welche besonderen Aspekte des Kinderschutzes es in Pflegeverhältnissen zu beachten gibt, bzw. ob und wie sich der Kinderschutz in Pflegefamilien im Gegensatz zum Kinderschutz in Herkunftsfamilien unterscheidet. Nach einer ersten Sekundäranalyse der Literatur, Ergebnissen aus Forschungsprojekten und einem Blick auf den aktuellen Diskurs um das Pflegekinderwesen, mit dem Fokus auf dem Thema Kinderschutz, wurde deutlich, dass die Integration eines Pflegekindes in eine Pflegefamilie eine anspruchsvolle Aufgabe ist und die Pflegefamilien heute überwiegend Kinder aus Familien mit komplexen Belastungssituationen aufnehmen. Bei der Vermittlung eines Kindes in eine Pflegefamilie kann nicht von Bewältigungsmustern ausgegangen werden, die in biologisch entstandenen Familien überwiegend zur Konfliktregulierung beitragen, sondern es bedarf einiger Rahmenbedingungen, die dieses Verhältnis begleiten und unterstützen (vgl. Jordan 1996: 32). „Die Aufgaben und Probleme, vor denen die Pflegekinder stehen, werden indirekt auch zu Aufgaben und manchmal zu Problemen für die Pflegeeltern" (Wolf 2013: 304).

Im Rahmen des Expertenworkshops mit Fachleuten aus den Bereichen Kinderschutz und Pflegekinderhilfe konnten erste Rahmenbedingungen zur Unterstützung des Kinderschutzes in Pflegefamilien erarbeitet werden. Es wurden drei zentrale Säulen herausgearbeitet, die wesentlich zu einem Gelingen der Pflegeverhältnisse beitragen und den Kinderschutz in Pflegefamilien unterstützen: die Auswahl und Vorbereitung der Pflegeeltern, die Begleitung und Beratung der Pflegeeltern und die Begleitung der Pflegekinder. Die qualitativen Interviews mit den Fachkräften der Pflegekinderdienste haben dazu beigetragen, dass diese drei Säulen in deren professionellem Handeln konkretisiert werden konnten. Darüber hinaus können weitere Aspekte wie die Einbindung der Herkunftsfamilie und die des Vormundes sowie die Kooperation aller Beteiligten als bedeutsame Säulen für den Kinderschutz festgehalten werden.

Für jede dieser Säulen konnten Handlungsprinzipien und strukturelle Bedingungen herausgearbeitet werden, die wesentlich zu einem gelingenden Kinderschutz in der Pflegekinderhilfe beitragen. Diese werden im Folgenden als zentrale Empfehlungen zusammengefasst. In der Sprache des Kinderschutzes sind diese auch als institutionelle Schutzfaktoren zu verstehen, da sie das Risiko einer Kindeswohlgefährdung verringern können oder Anzeichen einer Gefährdung eher erkennen lassen.

Säule 1: Auswahl und Vorbereitung der Pflegeeltern

Die Auswahl und Vorbereitung der Pflegeeltern sind wichtige präventive Aspekte im Kinderschutz und sollten daher individuell aber verbindlich sein. Die Auswahl und Vorbereitung sollten nicht chronologisch aufeinander folgen, sondern zusammen als Prozess gedacht werden. Zum einen können sich zukünftige Pflegeeltern so ihrer bevorstehenden Rolle bewusst werden und mögliche auf sie zukommende Herausforderungen kennenlernen. Zum anderen können Fachkräfte die Vorbereitung und Qualifizierung auch dazu nutzen, die Eignung der Bewerber/innen gemeinsam – sowohl im Team als auch mit den Bewerberfamilien – zu reflektieren. Somit müssen nicht Auswahlkriterien und Misstrauen gegenüber Bewerberfamilien erhöht werden, sondern es kann mit ihnen zusammen die Motivation und persönliche Kompetenz geklärt werden.

Schon in der Vorbereitung ist es wichtig, die Pflegeeltern für mögliche Überforderungssituationen zu sensibilisieren. Die Vorbereitung dient außerdem dem ersten Vertrauensaufbau zwischen den Pflegeeltern und den Fachkräften als gute Basis für eine wirksame Begleitung und Unterstützung.

Es muss ein Bewusstsein der Fachkräfte darüber bestehen, dass die Auswahl und Vorbereitung der Pflegeeltern Grenzen hat und sie nicht zu einer falschen Sicherheit führen darf. Für einen gelingenden Kinderschutz darf die Begleitung der Familie und des Kindes nicht nach der Auswahl der Familie und der Vermittlung enden.

Säule 2: Begleitung und Beratung der Pflegeeltern

Pflegeeltern brauchen, um die umfangreichen Herausforderungen bewältigen zu können, hinreichend Unterstützung; Begleitung und Beratung sind wichtige Aspekte im Schutz für Kinder in Vollzeitpflege. Die Grundlage für eine wirksame Unterstützung liegt in der Vertrauensbeziehung zwischen den Pflegeeltern und der Fachkraft. Eine beziehungsorientierte Haltung, die wertschätzend und gleichzeitig kritisch ist, ist daher zentral für die Arbeit der Fachkräfte. Kinderschutz in Pflegefamilien kommt nicht mittels Kontrollen und strenger Auswahlkriterien voran, sondern vielmehr durch Begleitung und Unterstützung von Pflegefamilien. Eine kontinuierliche, verlässliche, selbstverständliche und krisenunabhängige Begleitung und Beratung der Pflegeeltern, wodurch tragfähige vertrauensvolle Beziehungen entstehen, ist daher ein elementarer Aspekt im Kinderschutz. Das heißt, es sollte mindestens sechs bis acht Treffen im Jahr geben, die selbstverständlich und verbindlich im vorher festgelegten Rhythmus stattfinden.

Auf der Grundlage einer vertrauensvollen Beziehung können mögliche Überforderungen sichtbar gemacht werden und Unterstützung zur Verfügung gestellt werden, damit aus Überforderungssituationen keine Gefährdungssituationen werden. Daraus folgt, dass Ressourcen zur Verfügung stehen müssen, um die Pflegeeltern in Krisensituationen auch intensiver begleiten zu können und bspw. die Häufigkeit und die Gestaltung der Termine je nach Bedarf anzupassen sowie ggf. weitere Hilfen, wie einen Erziehungsbeistand oder soziale Gruppenarbeit, zur Verfügung zu stellen. Darüber hinaus sollten die Fachkräfte über Fach- und Erfahrungswissen zu Dynamiken in Familien in Krisensituationen verfügen. Dies kann bei dem Vorhersehen einer möglichen Überforderung der Pflegeeltern hilfreich sein. Unterstützungssysteme müssen den Pflegeeltern selbstverständlich und verbindlich zur Verfügung gestellt werden, damit sie keine Befürchtungen haben müssen, dass sie als Pflegeeltern in Frage gestellt werden.

Gerade vor dem Hintergrund einer für den Vertrauensaufbau notwendigen, engen Begleitung der Pflegefamilien sind regelmäßige Supervision und kollegiale Beratung, um blinde Flecken bei den Fachkräften zu vermeiden, wichtige Bestandteile für einen gelingenden Kinderschutz. Daher sollten diese Angebote verbindlich in die Strukturen der Pflegekinderhilfe verankert werden.

Neben der professionellen Begleitung und Unterstützung der Pflegeeltern durch die Fachkräfte stellen Unterstützungssysteme in Form von Supervisionsgruppen, Netzwerken und Fortbildungen eine wichtige Ressource für das Gelingen der Hilfe dar und müssen daher von den sozialen Diensten organisiert und den Pflegeeltern als fester Bestandteil der Begleitung zur Verfügung gestellt werden.

Säule 3: Begleitung der Pflegekinder

Ein wirksamer Kinderschutz besteht darüber hinaus darin, dass Notsignale der Kinder erkannt und ernst genommen werden. Ein aktiver Einbezug der Pflegekinder und eine kontinuierliche und krisenunabhängige Begleitung des Kindes sind daher zentrale Aspekte für einen gelingenden Kinderschutz in der Pflegekinderhilfe. Das heißt, es sollte immer wieder die Perspektive der Kinder eingenommen und zum Ausgangspunkt des fachlichen Handelns gemacht werden. Es muss den Pflegekindern vermittelt werden, dass ihre Belange sehr wichtig sind und ihre Bedürfnisse ernst genommen werden.

Das Vorhandensein einer Person, die einen vertrauensvollen Kontakt zum Kind hat, ist dabei unabdingbar. Wer diese Vertrauensperson für das Kind sein kann, muss individuell geprüft werden und sollte zentraler Bestandteil der Hilfeplanung sein. Die Vertrauensperson muss nicht im professionellen Kontext tätig sein, die Fachkräfte sollten jedoch sicherstellen, dass eine solche Person vorhanden ist. Eine Reflexion der Fachkräfte der Pflegekinderdienste darüber, dass die Kinder sich ihnen möglicherweise nicht anvertrauen, da sie vorrangig als Vertrauensperson für die Pflegeeltern gesehen werden, ist dabei notwendig.

Ein Austausch zwischen Pflegekindern untereinander, bspw. in Form eines regelmäßig stattfindenden Gruppenangebots, unabhängig von den Pflegeltern, kann eine wichtige Ressource für den Schutz der Kinder darstellen. Dabei haben die Kinder die Möglichkeit, ihre Situation mit anderen Kindern abzugleichen und sich untereinander auszutauschen. Sie haben darüber hinaus dort die Gelegenheit sich mit ihren Anliegen an eine Fachkraft zu wenden, die die Gruppe ggf. begleitet, ohne dass die Pflegeeltern dies mitbekommen.

Säule 4: Einbindung der Herkunftsfamilie

Die leiblichen Eltern der Pflegekinder bleiben ein wichtiger – vielleicht auch schwieriger – Teil im Leben der Kinder. Daher müssen den Pflegekindern Umgangskontakte ermöglicht werden, wenn sie es wollen und das Wohl der Kinder gewährleistet ist. Dabei ist es von zentraler Bedeutung, die Bedürfnisse und Interessen des Kindes in den Mittelpunkt zu stellen. Eine fachliche Reflexion der Kontakte ist Aufgabe der Fachkräfte.

Besuchskontakte sollten nur in fachlicher Begleitung stattfinden und eine Vor- und Nachbereitung der Termine mit den Beteiligten ist zwingend notwendig. Situativ kann es immer wieder um eine Vermittlung der Beweggründe für Verhalten und Handlungsweisen der Beteiligten gehen. Grundlage für die Transparenz während der Besuchskontakte wird schon im Hilfeplangespräch gelegt. Dort ist über die Gründe für die Inpflegenahme und über die Sinnhaftigkeit der Besuchskontakte für dieses Kind oder diese/n Jugendliche/n mit ihren/seinen beiden Familien zu sprechen und für alle zu erklären. Die im Hilfeplan oder vom Familiengericht festgelegte Anzahl der Besuchskontakte sollte nicht als starre Regel begriffen werden, sondern die Wünsche der Kinder oder Jugendlichen nach mehr oder weniger Kontakten sollten der Maßstab sein. Fachkräfte brauchen hier die Möglichkeit, nach Einschätzung der Umgangskontakte diese bei Bedarf flexibel verändern zu lassen. Allerdings lässt die bisherige Ressourcenausstattung der Pflegekinderdienste eine Begleitung der Besuchskontakte nicht immer zu.

Säule 5: Vormünder als Vertrauensperson des Mündels

Die Vormünder haben im System der Pflegekinderhilfe für einen gelingenden Kinderschutz eine wichtige Bedeutung und können eine wichtige Ressource für das Pflegekind sein. Für den Kinderschutz und für die Begleitung der Kinder, die – wie oben dargelegt – eine Vertrauensperson benötigen, kann der Vormund möglicherweise diese Person sein. Als konzeptionell und gesetzlich verankerte eigene Ansprechperson für das Kind kann der Vormund als exklusive Vertrauensperson für das Pflegekind fungieren und den aktiven Einbezug des Pflegekindes und dessen Perspektive unterstützen. Insbesondere mit Blick auf den Kinderschutz ist eine strukturelle Einbindung der Vormünder in das Helfersystem hilfreich und eine verbindliche Rollenklärung zwischen den beteiligten Akteuren unabdingbar. Eine verbindliche Zusammenarbeit und Kooperation der Vormünder und der Begleiter/innen der Pflege- und Herkunftsfamilie unterstützen die Erziehung, Pflege und Förderung der Kinder, ihre Beteiligung und somit das Sicherstellen ihres Wohls.

Säule 6: Zusammenarbeit und Kooperation aller Beteiligten

Für einen gelingenden Kinderschutz ist die Bereitschaft zur unerlässlichen, oft anstrengenden Zusammenarbeit der zahlreichen Rollenträger unabdingbar. Kooperation ist als strukturell eigenständige Aufgabe zu verstehen, bei der es auch um die Aushandlung unterschiedlicher Interessen und die Abstimmung der Aufträge geht. Zur Abstimmung der Zusammenarbeit kann das Instrument der Hilfeplanung genutzt werden. Für einen gelingenden Kinderschutz sollten sowohl Bedingungen für die Kooperation in konkreten Kinderschutzfällen als auch für eine fallunabhängige Zusammenarbeit festgelegt werden. In einem sich anbahnenden möglichen Kinderschutzfall ist der Rückgriff auf vorher vereinbarte Strukturen zum Umgang mit Anhaltspunkten unterstützend. Bei der Kooperation darf es nicht nur um eine Informationsweitergabe an die richtigen Stellen gehen, sondern vielmehr muss an den Schnittstellen ein Austausch der beteiligten Akteure stattfinden. Es geht darum, sich gegenseitig über Beobachtungen, Gefährdungseinschätzungen, Deutungen und Dokumentationen in Kenntnis zu setzen.

Verfahren beim Auftreten gewichtiger Anhaltspunkte für eine Kindeswohlgefährdung

Für das Gelingen im Kinderschutz sind ausgearbeitete Konzepte dafür, wie im Fall eines Verdachts auf Kindeswohlgefährdung verfahren wird, unabdingbar.

Ein Rückgriff auf vereinbarte Strukturen und ein festgelegtes Verfahren bietet den Fachkräften Sicherheit. Aspekte, die in einer Verfahrensanweisung aufzunehmen sind, sind in Kapitel 3.2.3 beschrieben.

Gerade beim Auftreten gewichtiger Anhaltspunkte ist es für die Fachkräfte, die die Pflegefamilien intensiv begleiten, wichtig, ihr eigenes Handeln und die eigene Wahrnehmung kritisch zu reflektieren. Dazu kann die kollegiale Beratung im Team unterstützend sein. Bezogen auf den Verfahrensweg sind die Pflegekinder an den unterschiedlichen Punkten, wie beim Auftreten der Anhaltspunkte und der Gefährdungseinschätzung, einzubeziehen und ernst zu nehmen.

An diesen beschriebenen Schnittstellen lässt sich die Qualität fachlichen Handelns beschreiben und damit sind ebenso die Schwerpunkte in der praktischen Arbeit identifiziert, an denen der Kinderschutz gemessen werden kann und sollte. Zur Umsetzung dieser Empfehlungen – der Handlungsprinzipien und der strukturellen Bedingungen – spielen neben dem Selbstverständnis der sozialen Dienste die personelle und finanzielle Ausstattung der Pflegekinderdienste eine wichtige Rolle.

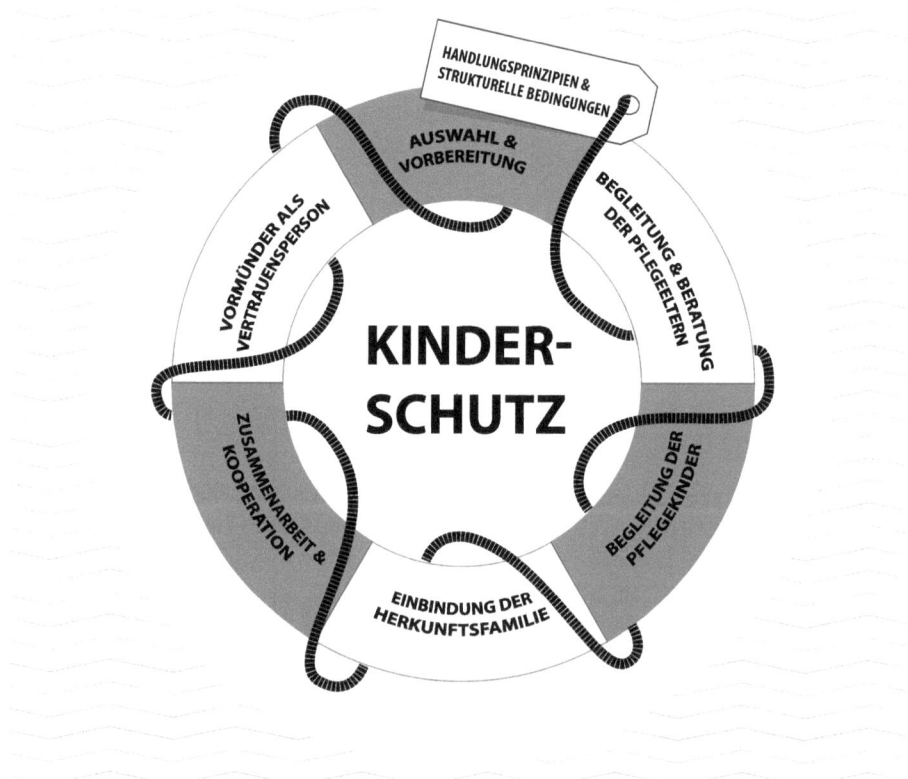

Abbildung 2: Die sechs Säulen im Kinderschutz in der Pflegekinderhilfe

Teil B – Ergebnisse zur Verwandtenpflege

5 Fremdpflege und Verwandtenpflege – zwei verschiedene Hilfeformen

Für Kinder und Jugendliche, die aus unterschiedlichen Gründen nicht bei ihren leiblichen Eltern aufwachsen können, stellt die Verwandtenpflege eine bedeutsame Ressource dar. Ebenso ist der Blick der Kinder- und Jugendhilfe auf die Verwandtenpflege gerichtet, da sie auf diese Pflegestellen hochgradig angewiesen ist. Trotzdem finden sich zahlreiche kritische Stimmen gegenüber dieser Hilfeform, die teils auf negativen Erfahrungen und teils auf mangelndem Wissen und mangelnden Konzepte beruhen. Sie scheint in der Fachwelt und für Familien aber an Bedeutung zu gewinnen und eine Aufwertung der innerfamiliären Arrangements scheint durch eine Professionalisierung der Hilfeform möglich zu sein. Entscheidend sind hier die Fähigkeiten der Fachkräfte, einen Zugang zu den Verwandtenpflegefamilien zu finden sowie die Qualität der professionellen Begleitung der Beteiligten weiterzuentwickeln.

Die Motivation, ein Pflegekind aufzunehmen, ist bei allen Pflegeeltern individuell sicherlich sehr unterschiedlich, genauso wie die Inpflegegabe von Eltern aus den unterschiedlichsten Gründen geschieht. Insbesondere interessieren hier die Motive für eine Pflegeelternschaft sowohl bei den Verwandtenpflegeeltern als auch bei den Fremdpflegeeltern. Folgende Motive lassen sich aus dem Expertenworkshop im Rahmen des Projekts (siehe unten) und der Literatur heraus darstellen. Bei den Verwandtenpflegeeltern geht es „immer darum, ein vertrautes, die eigene Sorge herausforderndes Kind zu betreuen, niemals darum, eine staatlich bzw. kommunal organisierte Erziehungsleistung zu übernehmen" (Blandow 2006: 23). Verwandte Pflegeeltern handeln aus einem Verantwortungs- und möglicherweise Pflichtgefühl gegenüber der Familie und dem Kind und sehen ihr Engagement als etwas Selbstverständliches. Es gibt bereits eine Beziehung zum Kind und die Eltern in ihrer individuellen Lebenssituation sind ihnen wohlbekannt. In der Fachdiskussion wird die Motivation von Fremdpflegeeltern darin gesehen, dass die eigene Kinderlosigkeit eine erhebliche Rolle spielt und der Wunsch, einem Kind zu helfen, ihm ein Zuhause zu bieten und Geborgenheit zu schenken (vgl. ebd.: 10). Dieses Anliegen haben Verwandtenpflegeeltern auch, aber ihr Wunsch bezieht sich genau auf dieses eine Kind, weil es zur Familie gehört. Im Vordergrund steht nicht der Wunsch, für jemanden Eltern zu sein, sondern dem einen Kind, mit dem sie verwandt sind, zu helfen.

In der Fachwelt – und dieser Eindruck spiegelte sich auch in unserem Expertenworkshop wider – wird die Verwandtenpflege vielfach kritisch gesehen. Es gibt Aussagen wie „das ist ein geschlossenes Familiensystem", „es ist so schwierig, da einen Fuß in die Tür zu bekommen" oder „schon in der vorherigen Generation wussten wir nicht so genau, bei wem die Kinder leben" und „die Großeltern nehmen in der Erziehung nichts von uns an". Aus den Erfahrungen der Fachkräfte hat sich in der Verwandtenpflege ein eher negatives Bild der Pflegeeltern und leiblichen Eltern gezeichnet und Blandow hat festgestellt, dass das „Hilfesystem […] Verwandtenpflegestellen häufig als zweitrangig [betrachtet] und behandelt sie – z. B. was Finanzierung und Kontakthäufigkeit angeht, schlechter als nicht-verwandte Pflegefamilien" (Blandow 2006: 22). Ein Grund für das schlechte Bild und die daraus resultierende von Blandow aufgezeigte schlechtere Behandlung ist der direkte Vergleich von Fremdpflege und Verwandtenpflege. Beide Formen werden häufig nebeneinander gestellt, obwohl sie wenig miteinander vergleichbar sind. ‚Typische' Fremdpflegeeltern sind sehr motiviert, mit den Fachkräften zusammenzuarbeiten, sie nehmen an der Vorbereitung teil und bringen persönliche Voraussetzungen mit, ein Kind zu erziehen und Fürsorgebedürfnisse zu erfüllen. Häufig sind es Paare aus der Mittelschicht, die ein Kind aufnehmen und die auf materielle Ressourcen zurückgreifen können. Zur durchschnittlichen Verwandtenpflegefamilie hat Blandow untersucht, dass diese „über einen geringeren Bildungsgrad verfügen, älter sind und über weniger finanzielle Mittel verfügen" (ebd.: 23). Sie haben durchschnittlich also einen eher geringeren Lebensstandard (vgl. ebd.: 11) und erhalten zudem für ihre Erziehungsleistung „geringere finanzielle Leistungen als nicht verwandte Pflegefamilien" (vgl. ebd.: 6). Neben dem finanziellen Aspekt besagen die Zahlen für informelle und halbformelle Pflegeverhältnisse (siehe unten), dass Verwandtenpflegefamilien viel seltener Begleitung und Beratung seitens der Fachkräfte des Jugendamts annehmen. Die Pflegekinder leben also mit „deutlich schlechtere[n] soziale[n] Voraussetzungen" (ebd.: 23). Daraus ergibt sich, dass Fachkräfte zum Teil Pflegeverhältnisse mittragen müssen, auch wenn sie die Pflegeeltern für nicht geeignet halten und die Familiensituation nicht immer optimal ist.

Der Vergleich zeigt, dass die durchschnittlichen Verwandtenpflegeeltern in Bezug auf Fremdpflegefamilien nur schlechter dastehen können und dass sich daraus bei den Fachkräften eine recht kritische Haltung entwickelt hat, die vielleicht nicht in jeder Verwandtenpflegefamilie gerechtfertigt ist. Die Konsequenz daraus kann nicht sein, die Form der Verwandtenpflege zu verhindern – was auch nicht möglich ist, da Eltern die Entscheidung zur Pflege durch Angehörige treffen und diese nicht erlaubnispflichtig ist –, sondern die Bemühungen um eine bessere Begleitung und Beratung zu verstärken, adressatenbezogene Angebote zur Unterstützung einzubringen und eine gute finanzielle Unterstützung zu bieten. Es wird deutlich, dass die Voraussetzungen für die beiden Formen von Pflegeverhältnissen sehr unterschiedlich sind und der gesamte Begleitungsprozess von den Fachkräften unterschiedlich gestaltet werden muss.

Blandow unterscheidet auf einer formalen Ebene zwischen drei Gruppen in der Verwandtenpflege (vgl. Blandow 2006: 2; Wiemann 2010: 4). Die erste Gruppe stellt die *informelle* Verwandtenpflege dar. In ihrer Untersuchung haben Blandow und Walter herausgefunden, dass 43 % aller Pflegekinder unter 18 Jahren in der Fremd- und Verwandtenpflege dieser Gruppe zugeordnet werden können.[8] Hier haben Eltern entschieden, dass ihr Kind bei Verwandten aufwächst, ohne dass das Jugendamt davon Kenntnis hat und auch nicht haben muss. Diese Form der Verwandtenpflege ist nicht erlaubnispflichtig (§ 44 SGB VIII) und Eltern dürfen den Aufenthaltsort ihrer Kinder frei bestimmen. Diese verwandten Pflegeeltern nehmen keine Beratung oder Unterstützung in der Erziehung durch das Jugendamt oder finanzielle Mittel in Form von staatlichen Leistungen in Anspruch (vgl. Blandow 2006). Für den Kinderschutz bedeutet es, dass auf der rechtlichen Ebene für diese Gruppe der Verwandtenpflegeeltern genau wie für andere Familien § 1666 BGB gilt und das Familiengericht tätig wird, wenn das „körperliche, geistige oder seelische Wohl des Kindes oder sein Vermögen gefährdet sind" (Gesetzestexte siehe Anhang).

Die zweite Gruppe bezeichnet Blandow als *halbformelle* Verwandtenpflege, die ebenso keine Erlaubnis durch das Jugendamt benötigt. Dieser Gruppe können 6 % aller Pflegekinder zugeordnet werden. Verwandte haben ein Kind in ihrem Haushalt aufgenommen, aber da die Eltern nicht für den Unterhalt aufkommen, bekommen die Verwandten Pflegegeld oder Hilfe zum Lebensunterhalt für das Kind. Es geht hier um finanzielle Unterstützung, aber da das Jugendamt durch die Geldleistung Kenntnisse von dem Pflegeverhältnis hat, kann Unterstützung auch z. B. in Form von Beratung angeboten werden. Dieses Angebot kann freiwillig von den Pflegeeltern angenommen werden (vgl. ebd.). Für den Kinderschutz gilt § 1666 BGB wie bei der informellen Gruppe, aber durch den Kontakt zur Familie nimmt das Jugendamt ggf. eher Anzeichen für eine nicht gelingende Erziehung wahr oder kann ggf. schneller reagieren, wenn es Anzeichen für eine Kindeswohlgefährdung gibt. Dann handelt das Jugendamt nach § 8a Abs. 1 SGB VIII und tritt auch mit den sorgeberechtigten Eltern in Kontakt.

Die dritte Gruppe der Verwandtenpflegeverhältnisse ist die *formelle* Verwandtenpflege. Dort ist das Pflegeverhältnis als eine Erziehungshilfe nach § 33 SGB VIII fest installiert und 9 % der Pflegekinder unter 18 Jahren werden dieser Gruppe zugerechnet. Die leiblichen Eltern haben einen Antrag auf Hilfe zur Erziehung nach § 27 SGB VIII gestellt und das Jugendamt bewilligt eine Vollzeitpflege nach § 33 SGB VIII und stimmt zu, dass die Verwandten als Pflegeeltern für das Kind

---

8   In der Fremdpflege mit und ohne Hilfe zur Erziehung sind insgesamt 42 % aller Pflegekinder unter 18 Jahren untergebracht (vgl. Blandow 2006: 2).

eingesetzt werden (vgl. ebd.). Hier wird der Kinderschutz dadurch unterstützt, dass es regelmäßig Hilfeplangespräche gibt, in denen gemeinsam über die Erziehung und Betreuung des Kindes gesprochen und beraten wird. Die Verwandten haben als Pflegeeltern das Recht auf Beratung und Unterstützung (§ 37 Abs. 2 SGB VIII) durch das Jugendamt und sind in der Pflicht, „das Jugendamt über wichtige Ereignisse zu unterrichten, die das Wohl des Kindes oder des Jugendlichen betreffen" (§ 37 Abs. 3 SGB VIII). Ebenso sind Pflegeeltern verpflichtet, mit den leiblichen Eltern zum Wohl des Kindes zusammenzuarbeiten (§ 37 Abs. 1 SGB VIII). Bei der formellen Verwandtenpflege ist für das Jugendamt die größte Chance gegeben, Anzeichen für Vernachlässigung und Misshandlung frühzeitig zu erkennen, da regelmäßige Kontakte zur Pflegefamilie institutionalisiert sind und die Lebenssituation der erweiterten Familie bekannt ist.

6 Kinderschutz in der Verwandtenpflege

Viele Aspekte, die bereits in den Kapiteln zu Fremdpflegeverhältnissen beschrieben sind, lassen sich in der Praxis der Verwandtenpflege wiederfinden. Die Herausforderungen für die professionellen Kräfte und schwierige familiäre Situationen treten bei beiden Hilfeformen auf und werden hier nicht noch einmal wiederholt. Für die Verwandtenpflege werden deshalb in den folgenden Kapiteln lediglich spezifische Merkmale näher erläutert, die zum einen das Besondere dieser Pflegeform aufzeigen und die darüber hinaus für den Kinderschutz weitere Konsequenzen nach sich ziehen. Da im Gesetz zwischen Verwandtenpflegeeltern und Fremdpflegeeltern nicht unterschieden wird, sind in der Verwandtenpflegehilfe die Vorgehensweisen im Kinderschutz genauso wie in der Fremdpflegehilfe. Das betrifft insbesondere diejenigen Stellen im Kinderschutz, an denen sich sozialpädagogisches Handeln nah an juristischen Vorgaben bewegt, wie die Schritte in § 8a SGB VIII und das Vorgehen in Bezug auf § 1666 SGB VIII. Das sozialpädagogische Handeln hingegen erfordert bei den beteiligten Verwandtenpflegeeltern, Pflegekindern und leiblichen Eltern anders gestaltete Vorgehensweisen und andere Unterstützungen und zeigt sich in ihrer Begleitung durch die Fachkräfte.

6.1 Initiierung der Pflegeverhältnisse

Die Initiierung eines Pflegeverhältnisses mit Verwandten ist gänzlich unterschiedlich zur Auswahl und Vorbereitung von Fremdpflegeeltern. Die Auswahl der Verwandten, wer die Erziehung und Fürsorge für ein Kind übernimmt, wird in den meisten Fällen nicht von den Fachkräften des Jugendamts getroffen, sondern die Absprachen dazu werden innerhalb der erweiterten Familie getätigt.[9] Wie oben dargelegt können die Motive dazu sehr unterschiedlich sein. Ebenso ist denkbar, dass ein innerfamiliärer Druck die Entscheidungen mitbestimmt. Die Beteiligten können sich z. B. einig sein, dass das Kind in der Familie bleiben und nicht zu Fremden geschickt werden soll, weshalb die Tante oder die Großmutter das Kind aufnehmen soll. Oder eine andere Situation, in der das Elternpaar so überfordert ist, dass die Beteiligten vorschlagen, dass das Kind bei den Großeltern aufwachsen soll. Die Beteiligten haben gewiss eine Wahl, aber familiäre Beziehungsgefüge können hier ein Ablehnen der Erziehung eines Kindes schwer machen.

Den Fachkräften des Jugendamts fällt hier keine Vermittlerrolle zwischen Kind und Pflegeeltern zu und häufig sind sie zunächst gar nicht am Prozess der In-

---

9   In diesem Kapitel wird deshalb der Fokus auf diese Gruppe gelegt, die das Jugendamt nicht beteiligt hat.

pflegegabe beteiligt, da es sich um informelle Pflegeverhältnisse handelt. Es gibt Pflegeverhältnisse, die „im Nachvollzug" formalisiert werden. Das bedeutet, dass eine Verwandtenpflegefamilie sich nachträglich dafür entscheidet, das Jugendamt mit einzubeziehen. Sie haben erfahren, dass es eine Unterstützung in Form von Pflegegeld gibt, brauchen Unterstützung in der Erziehung oder sehen, dass das Kind Unterstützung braucht und wenden sich an das Jugendamt. Für die Fachkräfte heißt das, dass es hier einen „Türöffner" (Deutscher Verein für öffentliche und private Fürsorge 2014: 14) gibt, in das bisher informelle Pflegeverhältnis zu schauen und ein Angebot zur Unterstützung zu machen. Auch wenn sich die Verwandtenpflegeeltern erst bei auftretenden Schwierigkeiten an das Jugendamt gewandt haben, bedeutet es für die Fachkräfte, ihre Unterstützungsmöglichkeiten mit Bedacht zu wählen. Verwandtenpflegeeltern kennen ihr Pflegekind sehr gut, haben eine Vorstellung von der Erziehung und haben wahrscheinlich schon mehrere schwierige Situationen gemeistert. Sie brauchen deshalb keine ‚klugen Ratschläge' von fremden Pädagog/inn/en, die ihnen in die Erziehung ‚herein reden'.

In den Kommunen gibt es meistens ein abgestimmtes Bewerberverfahren, das durchlaufen wird, wenn Pflegeeltern sich um ein Pflegekind bewerben. In nicht jedem Verwandtenpflegeverhältnis werden diese Formulierung und die dahinter stehende Haltung zutreffend sein, da sich Verwandtenpflegeeltern selbst nicht als Bewerber/innen verstehen. Ihr Selbstbild von ihrem Engagement, das angehörige Kind zu erziehen, passt nicht mit einer Prüfsituation überein. Sie möchten keinen Prüfkriterien ausgesetzt sein, die für sie nur schwer nachvollziehbar sind und wenig auf ihre Situation passen, und haben Angst, dass sie mit ihren Kompetenzen durchfallen. Sie lehnen Bewerbungs- und Prüfverfahren ab und es ist denkbar, dass sie deshalb nicht den Weg eines formalisierten Pflegeverhältnisses gehen. Der Deutsche Verein schlägt hier vor, von einem „Anerkennungsverfahren" und nicht von einem „Prüfverfahren" zu sprechen (Deutscher Verein für öffentliche und private Fürsorge 2014: 16). Die Reflexion und Anpassung der Begrifflichkeiten kann dazu beitragen, eine wertschätzende Haltung zu vermitteln und den Zugang niedrigschwelliger zu gestalten.

Darüber hinaus muss Fachkräften ebenso bewusst sein, dass sie kaum ein (informelles) Pflegeverhältnis verhindern können, außer wenn eine Kindeswohlgefährdung vorliegt. Sie können eine Formalisierung des Pflegeverhältnisses ablehnen, wenn ihnen die Form der Vollzeithilfe nicht geeignet erscheint oder Hilfe anbieten, wenn „eine Erziehung zum Wohl des Kindes nicht gewährleistet ist" (§ 27 SGB VIII). Der Punkt ist, bei der Familie darum zu werben, dass sie die Hilfe annimmt, aber die Pflegefamilie kann sich immer für ein informelles Pflegeverhältnis entscheiden und den Kontakt abbrechen. Von den professionellen

Fachkräften ist anzuerkennen, dass die erweiterte Familie bereits eine Lösung zur Erziehung des Kindes gefunden hat und auf bereits bestehende Beziehungen aufbauen kann. Deshalb ist der Ausgangspunkt der Gespräche zwischen Pflegefamilien und Fachkräften – besonders wenn es seitens der Pflegeeltern eine eher misstrauische Haltung gibt – die gemeinsame Sorge um das Kind und dass sein Wohl im Vordergrund steht. Einerseits können Fachkräfte hier für Lösungen und Hilfeansätze argumentieren, die ihnen passender für das Kind erscheinen und die einen guten Lebensort für das Kind darstellen, ohne die Kompetenzen und die Bereitschaft der Pflegeeltern damit abzuwerten. Aber andererseits dürfen die engen Familienbeziehungen und die seit Jahren gewachsene Verbundenheit und Vertrautheit nicht aus dem Blick verloren gehen, da diese emotionale Basis häufig den herausragenden Aspekt im Gelingen dieser Pflegeverhältnisse darstellt. In ihrer Entscheidung, ein Pflegeverhältnis anzuerkennen oder nicht, geraten Fachkräfte hier häufig in das Dilemma, dass sie eigentlich die Pflegeeltern von ihrem professionellen Standpunkt aus ablehnen und für nicht geeignet halten und trotzdem das Pflegeverhältnis anerkennen, damit der Kontakt zum Kind nicht ganz abbricht. Diese Ambivalenz gegenüber den Pflegeeltern muss von den Fachkräften kontinuierlich reflektiert werden, um Grenzen in der Begleitung der Pflegeeltern zu erkennen, bei denen es fachlich geboten ist, die Betreuung der Familie an Kolleg/inn/en abzugeben.

Bedeutung für den Kinderschutz

Für den Kinderschutz lässt sich ein wichtiges Handlungsprinzip mit folgendem Zitat gut zusammenfassen: „Da die Fachkräfte einer schon bestehenden Situation begegnen, müssen sie sich zunächst den Beteiligten annähern und sich darum bemühen, deren Beziehungen untereinander und die Entstehungsgeschichte des Pflegeverhältnisses zu verstehen. Es ist wichtig anzuerkennen, dass die Familie eine Lösung für ihre Problemlage gefunden hat" (Deutscher Verein für öffentliche und private Fürsorge 2014: 14). Es geht darum, den Veränderungsschritt, den die Familie beschlossen hat, anzuerkennen und der Entscheidung der Verwandtenpflegeeltern, ein Kind bei sich aufzunehmen, Wertschätzung entgegenzubringen. Das bedeutet genauso, dass man die für das Kind neue Situation und die Alltagsverhältnisse in der Verwandtenpflegefamilie kritisch hinterfragt. Gemeinsam mit der Pflegefamilie können die Lebensbedingungen des Kindes gestaltet werden.

Der Kinderschutz kann zu Beginn eines Pflegeverhältnisses in einer erweiterten Familie am ehesten gewährleistet sein, wenn Fachkräfte einen Einblick in die Pflegefamilie haben und Kontakt zum Kind bzw. zum/zur Jugendlichen besteht. Deshalb ist in der Pflegekinderhilfe dafür zu werben, dass leibliche Eltern und verwandte Pflegeeltern sich dafür entscheiden, die Erziehung des Pflegekindes nicht informell zu gestalten, sondern dass sie in den Fachkräften der Pflegekinderhilfe Ansprechpartner/innen sehen, die unterstützen, wenn es in der Erziehung und im Zusammenleben der erweiterten Familie schwierig wird. In den Kommunen soll offensiv darum geworben werden, dass Verwandtenpflegeverhältnisse nicht außerhalb einer pädagogischen Begleitung bleiben. Da es mehr als fünfmal so viele informelle oder halbformelle Verwandtenpflegeverhältnisse gibt wie formelle (vgl. Blandow 2006: 2), stellt dieser Punkt eine große Herausforderung dar.

Die Zusammenarbeit zwischen Verwandtenpflegefamilien und den Fachkräften ist individuell zu gestalten. Gleichzeitig fehlen insbesondere in der Praxis niedrigschwellige Angebote für Verwandtenpflegeeltern und für Pflegekinder. Wie diese Begleitung und Beratung durch Fachkräfte aussehen kann, wird in den folgenden Kapiteln dargestellt.

6.2   Begleitung und Beratung der verwandten Pflegeeltern

Verwandtenpflegeeltern haben die Aufgabe, die Pflegekinder in ihrem Haushalt aufzunehmen und ihnen einen stabilen Lebensort zu geben, die Kinder zu eigenständigen Persönlichkeiten zu erziehen, ihre Bedürfnisse nach Fürsorge und Liebe zu erkennen, Entwicklungsschritte zu unterstützen und zu fördern sowie sich um ihre körperliche und seelische Gesundheit zu kümmern. Ihre Befähigung dazu liegt in den meisten Fällen in ihren Erfahrungen der Erziehung eigener Kinder und möglicherweise trauen andere Familienmitglieder ihnen diese Aufgabe zu. Was hier in wenigen Sätzen und einfach beschrieben wird, ist im Leben der Pflegefamilie mitunter sehr schwierig und Pflegeeltern haben nicht immer eine Vorstellung davon, welcher verantwortungsvollen und oft auch schwierigen Aufgabe sie sich angenommen haben. Eine der ersten Aufgaben für die Fachkräfte der Pflegekinderdienste ist hier, in schwierigen Situationen für Entlastung der augenscheinlich überforderten Pflegeeltern zu sorgen, die Gewährleistung des Kindeswohls zu prüfen und das Arrangement der Pflegefamilie wertzuschätzen. Die Unterstützung liegt hier in alltagspraktischen Ideen, die die Fachkräfte erkennen und organisieren, wie z. B. Nachhilfeunterricht, Auszeiten für die Pflegeeltern zur Erholung, Bereitstellung von altersgerechten Freizeitangeboten für die Kinder u. ä. (vgl. Blandow & Küfner 2011: 757). Über diese praktische Unterstützung hinaus können eine pädagogische Unterstützung, Entlastung für die Pflegeeltern durch Beratung und Begleitung, Stärkung der Pflegekinder, beschwichtigendes Eingreifen und Reflektieren von Geschehnissen sehr hilfreich sein. Fachkräfte können nicht davon ausgehen, dass diese Angebote gewünscht werden und hier ist ein Unterschied zu Fremdpflegefamilien gegeben. Fremdpflegefamilien haben sich schon in der Vorbereitung mit ihrer öffentlichen Aufgabe auseinandergesetzt und stimmen in der Pflegevereinbarung dieser Hilfeform mit den begleitenden Fachkräften zu. In der Verwandtenpflegehilfe haben Fachkräfte erst die Möglichkeit, Hilfe anzubieten, wenn sie von dem Pflegeverhältnis erfahren und das ist meist erst dann gegeben, wenn die Pflegefamilie sich dazu entscheidet, sich auf ein formales Pflegeverhältnis einzulassen. Das bedeutet, dass die leiblichen Eltern einen Antrag auf Hilfe zur Erziehung stellen (hier § 33 SGB VIII Vollzeitpflege) und die angehörigen Pflegeeltern mit in die Pflicht genommen werden, da es jetzt Hilfeplangespräche, Vorgaben und Ziele in der Erziehung sowie einen Kontrollauftrag gibt. Das gelingt, wenn es ein gemeinsames Vorgehen gibt und den Beteiligten bewusst ist, dass die Familie zu einer öffentlichen Familie wird. Mit der Entscheidung, das Kind innerhalb der eigenen Familie zu erziehen, hat die Familie das Signal gesetzt, dass sie ihre Probleme innerhalb der Familie löst. Jetzt geht es jedoch darum, sich nach außen zu öffnen und Helfer/innen in das Innere der Familie blicken zu lassen. Dem Schritt zur öffentlichen Familie sollte in der Begleitung und Beratung Zeit zugestanden werden. Die Angehörigen, die jetzt die neuen Pflegeeltern sind, brauchen Zeit, sich auf diese Situation einzustellen, und dass Fachkräfte regelmäßig ins Haus kommen, um über die Erziehung der Kinder zu sprechen, ist ebenso neu. Fachkräfte haben hier die Aufgabe, die Bereitschaft der Pflegeeltern zur Zusammenarbeit zu wecken und den Fokus der Beratung auf den Beziehungsaufbau und die gemeinsame Arbeit zu legen. Durch die Entwicklung der Beratungsbeziehung besteht die Möglichkeit, Eltern dafür zu gewinnen, dass es nicht nur darum geht, das Kind im Haushalt aufzunehmen, sondern dass es um eine erzieherische Aufgabe geht, die den Kindern zugute kommt und sie fördert. Wenn es Fachkräften gelingt, dass Pflegeeltern Vertrauen in ihre eigenen erzieherischen Fähigkeiten und zu den Fachkräften bilden, können sich Pflegeeltern in ihrem Tun und Erziehen der Kinder mitentwickeln. Neben den oben genannten Aufgaben der Pflegeeltern können hier Ziele sein, dass sie sich als zentrale Bezugsperson für das Kind anbieten, dass sie das eigene Erziehungsverhalten reflektieren und mit den Bedürfnissen des Kindes in Verbindung bringen.

Ein weiteres spezifisches Thema in der Begleitung der Verwandtenpflegeeltern ist die verwandtschaftliche Nähe zwischen Pflegeeltern und leiblichen Eltern sowie zwischen Pflegeeltern und Pflegekindern. Beide Beziehungsstränge sind in der Begleitung der Pflegefamilie zu beachten und ein Blick auf das erweiterte Familiensystem ist genauso unerlässlich. Die Abgrenzung zur Fremdpflege bringen Blandow und Küfner folgendermaßen auf den Punkt: „Das Thema der Großeltern- und Verwandtenpflege ist Ausgestaltung von Nähe, das Thema der Fremdpflege Überwindung von Fremdheit" (Blandow & Küfner 2011: 743). In den Kapiteln zur Fremdpflegehilfe ist der Aspekt der Fremdheit und die daraus resultierende Beziehungsgestaltung zwischen Pflegeeltern und Pflegekind ausführlich dargestellt worden. Die Nähe unter Angehörigen ist zweifellos auch unterschiedlich ausgeprägt und wirkt auf die Beteiligten verschiedenartig. Ein wiederkehrendes Konfliktthema ist der Kontakt zwischen Pflegeeltern und den leiblichen Eltern. Zwischen dem einen Pol, dass leibliche Eltern sich gar nicht mehr kümmern und nicht greifbar sind, so dass sich die angehörigen Pflegeeltern mit der Erziehungsaufgabe allein gelassen fühlen und dem anderen Pol, dass sich leibliche Eltern immer wieder einmischen, kritisieren und dass Grenzen nicht gewahrt werden, ist viel Platz für konfliktreiche Auseinandersetzungen. Kinder und Jugendliche können schnell aus dem Blick geraten, wenn die Erwachsenen sich streiten. Es bringt viel Unruhe in das neue familiäre Zusammenleben, wenn die leibliche Mutter und der leibliche Vater beständig mitreden wollen. Es ist nicht einfach, hier eine klare Grenze zu ziehen (vgl. Blandow 2006: 22 f.). Für die Fachkräfte ergeben sich daraus unterschiedliche fachliche Vorgehensweisen in der Begleitung der Eltern und die Herausforderung besteht im professionellen Umgang mit familiären Beziehungsverflechtungen, in denen die Beteiligten nicht immer einen Einblick gewähren möchten. Die Situation ist für Fachkräfte wie auf einen fahrenden Zug aufzuspringen, von dem man nicht weiß, woher er kommt und wohin er fährt, aber man fährt plötzlich mit und trifft auf Reisende, die schon lange vorher eingestiegen sind. Man begleitet die Pflegefamilie und weiß nichts über ihre Geschichte, ihre Geheimnisse und Beziehungen untereinander, aber man hat die Aufgabe, mit ihnen zu arbeiten. Dazu sind ein Verstehen des Familiensystems und eine Auseinandersetzung mit Nähe und Abgrenzung wichtig. Fachkräfte sind dabei auf die Bereitschaft der Familie zur Zusammenarbeit und darauf, dass sie von ihrem Leben erzählen, angewiesen.

Für die Pflegeeltern ändert sich zunächst die Beziehung zum Kind oder Jugendlichen. Bisher war man z. B. Großmutter, Großvater, Tante oder Onkel und man hat sich gegenseitig besucht, jetzt ist man Pflegemutter oder Pflegevater und das Kind oder der Jugendliche lebt im eigenen Haushalt. Die Verantwortung und die Aufgaben gegenüber dem Kind – jetzt eigenes Pflegekind – sind gewachsen und ob das Arrangement der Verwandtenpflege gelingt, hängt mit davon ab, ob der Sprung in die neuen Rollen gelingt. Ebenso ändert sich die Beziehung zu den leiblichen Eltern, insbesondere wenn die Großeltern die Pflege und Erziehung übernehmen. Großeltern geben ihre Großelternrolle auf, sie werden Eltern und die Generationengrenzen werden verschoben (vgl. Wiemann 2010: 11). Es gibt viele Beispiele dafür, dass Großeltern den Kontakt mit ihren Enkeln genießen, da sie keine Verantwortung für die Erziehung haben und ihre Enkel gerne verwöhnen. Mit der Zustimmung zum Pflegeverhältnis sind sie jedoch in neuen Erziehungsverpflichtungen, in denen zu Erlaubendes und Grenzen mit den Kindern ausgehandelt werden müssen.

Fachkräfte haben die Aufgabe, mit den Beteiligten die Rollenwechsel nachzuvollziehen und zu verdeutlichen, dass diese neuen Rollen angenommen werden und mit neuen Aufgaben versehen sind. Insbesondere von außen kommen neue Erwartungen und neue Aufgaben auf die Pflegeeltern zu, die klar benannt werden müssen.

Bedeutung für den Kinderschutz

Für Fachkräfte ist ein Handlungsprinzip in der Arbeit mit verwandten Pflegeeltern die Reflexion der eigenen Haltung gegenüber der Verwandtenpflegeform. Dieser Aspekt ist nicht unmittelbar für den Kinderschutz von Bedeutung, aber eine Begleitung, die auf Wertschätzung und Anerkennung beruht, bedeutet in krisenhaften Situationen eine unentbehrliche Ressource. Für Fachkräfte kann es hilfreich sein, sich die Situationen von Kindern in Fremdpflegefamilien und Verwandtenpflegefamilien zu vergegenwärtigen. Die Fremdpflege bedeutet für Pflegekinder eine größere Anpassungsleistung und eine Trennung von der eigenen Familie, aber möglicherweise sind die Entwicklungschancen für die Kinder größer. Die Verwandtenpflege bedeutet, dass die Pflegekinder sich nicht so weit von ihren leiblichen Eltern und aus ihrem gewohnten Umfeld entfernen, so dass der Schritt nicht so durchgreifend in ihrem Leben ist. Das Familiensystem hat – vielleicht nicht bewusst – eine sensible Entscheidung getroffen, dass das Kind bei Angehörigen aufwächst und weiterhin in der Familie lebt. Es bleibt zu fragen und fachlich abzuwägen, ob hier zum Schutz der Kinder vor Trennungserfahrungen und zum Erhalt der für die Kinder wertvollen Vertrauensbeziehungen die Kinder bei Verwandten leben sollen oder ob eine Fremdpflegefamilie oder Heimunterbringung geboten ist. Im Vergleich zur Fremdpflegehilfe ist in der Zusammenarbeit mit den verwandten Pflegeeltern mit einem anderen Grad der Freiwilligkeit und einer anderen Bereitschaft, sich auf Begleitung und Beratung durch sozialpädagogische Fachkräfte einzulassen, zu rechnen. Der eher beschwerliche Zugang zu verwandten Pflegeeltern stellt die erste Hürde in der Beratung der Pflegeeltern dar und steht im augenfälligen Gegensatz zu Fremdpflegeeltern, die sich schon Wochen vor der Inpflegenahme in den Austausch mit den Fachkräften begeben. Dessen ungeachtet ist jedes Kind altersangemessen und jede/r Jugendliche in Entscheidungen miteinzubeziehen. Es ist für sie sorgsam, die beste Hilfeform zu wählen. Fachkräfte haben mögliche Vorbehalte und bisherige eher negative Erfahrungen in der Verwandtenpflegekinderhilfe gut zu reflektieren und können dieses anhand eigener Fälle in kollegialer Beratung oder Supervision umsetzen.

Als strukturelle Bedingung ergibt sich daraus, dass qualifizierte Fachkräfte für den Bereich der Verwandtenpflege eingesetzt werden. Bereits gesammelte Erfahrungen sind für die Anforderungen im Umgang mit Verwandtenpflegeeltern wertvoll und sollen ergänzt werden durch Wissen zu dieser Pflegeform, das in Fort- und Weiterbildungen vermittelt wird (vgl. Deutscher Verein 2014: 23 f.).

Eine weitere strukturelle Bedingung im Kinderschutz ist, dass die Begleitung und Beratung der Verwandtenpflegeeltern genauso wie die Begleitung der Fremd-pflegeeltern gestaltet werden sollte. Es geht um eine kontinuierliche, verlässliche, selbstverständliche und krisenunabhängige Begleitung und Beratung wie in der Fremdpflege. Auch das SGB VIII sieht die Begleitung und Beratung der Verwandtenpflegeeltern vor und formuliert in § 37 Abs. 2 SGB VIII diesen Anspruch (siehe Anhang). Dazu sind pädagogische Konzeptionen zu entwickeln, die die Besonderheiten der Verwandtenpflegeverhältnisse beachten, und es sind Empfehlungen zur Begleitung der Verwandtenpflegeeltern zu entwickeln. Wie in den oberen Kapiteln dargelegt, ist in die Konzeptionen aufzunehmen, dass in der Verwandtenpflege der Weg dahin ein etwas anders gelagerter ist, da der Zugang zu den Familien andere Vorgehensweisen benötigt und die Begleitung selbst von anderen Themen gekennzeichnet ist. Im Hilfeplangespräch kann auf diese Konzepte Bezug genommen werden und diese können die Absprachen unter den Beteiligten unterstützen. Ferner können die Konzepte Verfahrenswege in Krisen beinhalten, die dann greifen, wenn es gilt, im Kinderschutz Anzeichen von Vernachlässigung und Gewalt frühzeitig zu erkennen.

Allerdings liegt für manche Pflegeeltern die Schwelle der Begleitung durch Einzelgespräche und Hausbesuche und durch die Förderung einer Beratungsbeziehung viel zu hoch, so dass sie nicht bereit sind, sich auf ein formelles Pflegeverhältnis einzulassen. Es sind weitere Unterstützungsformen zu entwickeln, die niedrigschwelliger sind und auch diejenigen Pflegeeltern ansprechen, die einer formalen Hilfe durch das Jugendamt sehr skeptisch gegenüber stehen. Es sind Pflegeelterngruppen denkbar, die sich regelmäßig untereinander treffen, um sich auszutauschen, oder erfahrene Pflegeeltern stehen als Ansprechpartner/innen für Pflegeeltern zur Verfügung, die gerade erst ein angehöriges Pflegekind aufgenommen haben. Blandow beschreibt, dass Pflegeeltern in der Fremdpflege und in der Verwandtenpflege ein sehr unterschiedliches Selbstverständnis zu ihrer Pflegeaufgabe haben und dass Verwandtenpflegeeltern in der Regel nicht an Schulungen für Fremdpflegeeltern teilnehmen möchten (vgl. Blandow 2006: 26). Verwandte Pflegeeltern brauchen Gruppen, in denen sich Pflegefamilien aus der gleichen Situation treffen, die sie aus ihrer Privatheit holen, aber nicht mit einer öffentlichen Erziehungsleistung in den Fokus des Jugendamts schieben. Die Gruppen bieten Entlastung, da man erkennt, dass andere Verwandtenpflegefamilien mit ähnlichen Problemen beschäftigt sind. Die Themen beim Austausch können die eigene Rolle und Verantwortung im Familiensystem, die Erziehung der Pflegekinder und deren Fürsorge, aber auch die Abgrenzung oder der Einbezug der leiblichen Eltern sein.

Ob sich mit einer Aufwertung und weiterer Professionalisierung der Begleitung der Verwandtenpflegehilfe die Zahlenverhältnisse in Bezug auf informelle und formelle Pflegeverhältnisse ändern, muss weiter erforscht werden und bleibt zunächst abzuwarten. Im Einzelfall hängt das Gelingen des Pflegeverhältnisses bisweilen von der Qualität der Begleitung und Beratung durch die Fachkräfte ab und von ihrer Fähigkeit, einen Zugang zur Pflegefamilie zu finden. Deshalb muss in der Fachwelt sensibel wahrgenommen werden, ob sich durch einen veränderten Umgang mit Verwandtenpflegefamilien für die Begleitung der Pflegeeltern neue Fenster öffnen, in denen eine sozialpädagogische Hilfe wirklich gewollt wird und fruchtbar eingesetzt werden kann. Aber genauso wenig, wie man Eltern eine Hilfe aufzwingen kann, können alle Familien begleitet werden, um krisenhafte Situationen zu erkennen und schnell handeln zu können. Für den Kinderschutz hilft hier der Blick auf die Tatsache, dass Kinder und Jugendliche sich in Institutionen wie Kindertageseinrichtungen und Schulen bewegen, dass sie ihre Freizeit zum Teil organisiert verbringen und dass es ein soziales Umfeld gibt, in welchem sie Ansprechpartner/innen finden können, die das Kind oder die/den Jugendliche/n in Entwicklung und gegenwärtiger Lebenssituation im Blick haben.

6.3 Begleitung der Pflegekinder

6.3.1 Begleitung der Pflegekinder im Alltag

Wenn Kinder nicht mehr bei ihren leiblichen Eltern leben können, ist es ein naheliegender Schritt, dass sie zu den Großeltern, Tante und Onkel oder einer anderen nahestehenden Person kommen. Es ist vorstellbar, dass es auch der Wunsch der Kinder ist, zu einem verwandten und damit häufig vertrauten Erwachsenen zu gehen. Es gibt schon eine Beziehung und die Fremdheit ist kleiner, so dass ein Kennenlernen und Eingewöhnen leichter fällt. In der Regel sind die eigenen Eltern nicht so weit weg. Vielleicht gab es überdies im Vorfeld viele Konflikte mit den leiblichen Eltern und die Kinder gehen sehr gerne zu ihnen vertrauten Personen, da diese sie verstehen und die oft schwierige Situation mit den leiblichen Eltern kennen. Sie hoffen auf Verständnis und Schutz vor der konfliktreichen Situation zu Hause und möchten ein ‚ganz normales Zuhause'. Trotz des neuen Lebensortes und der Tatsache, dass Angehörige die Mutter- und Vaterrolle übernehmen, fühlen sich Kinder in ihrem Selbstverständnis weiterhin als Enkel/in oder als Nichte oder Neffe. Blandow und Walter haben festgestellt, dass verwandte Pflegeeltern insbesondere für ältere Kinder bzw. Jugendliche eine wichtige Ressource darstellen (vgl. Blandow 2006: 8).

Zentrale Themen in der Begleitung der Pflegekinder sind die eigenen Biografien und die Bearbeitung der Familiengeschichte. Fachkräfte haben dafür zu sorgen, dass die Fragen, die die Kinder oder Jugendlichen bezüglich ihrer Familie haben, einen Platz finden und von den Beteiligten auch beantwortet werden. Es tauchen vermutlich Fragen zur Initiierung des Pflegeverhältnisses auf, wie es dazu gekommen ist, zu den offensichtlichen und den dahinter liegenden Gründen und zur Entscheidung. Aus Sicht der Kinder bedarf die Dynamik in dem Beziehungsdreieck Pflegeeltern–Kind–leibliche Eltern besondere Beachtung, da diese im Familiensystem wiederholt Raum einnehmen wird und das Handeln mitbestimmt. Auch wenn es nicht viele Kontakte zwischen Pflegeeltern und leiblichen Eltern gibt, ist die Dynamik der Beziehung zwischen Pflegeeltern – häufig Großeltern – und leiblicher Mutter und leiblichem Vater virulent, die Beziehung kompliziert und für Kinder wenig einschätzbar. Je jünger die Kinder sind, desto weniger durchschaubar sind die Beziehungen für sie. Gerade in Konfliktsituationen kann es die Kinder in ihrer Beziehung zu jeweils einer Partei, den Pflegeeltern, bei denen sie leben oder den leiblichen Eltern, sehr verunsichern. Streitigkeiten unter den Erwachsenen im Familiensystem können schnell polarisierend werden und bringen die Kinder in große Loyalitätskonflikte. Sie trauen sich dann nicht, sich emotional anzuschließen, um keine Seite zu enttäuschen. Dürfen sie die leiblichen Eltern gegenüber den neuen Eltern verteidigen oder umgekehrt dürfen sie sich an ihrem neuen Lebensort viel wohler fühlen und dürfen sie den Wunsch haben, nicht mehr zu den leiblichen Eltern zurückzukehren? Kinder wissen, dass ihr Zuwenden zu einer Seite der anderen Seite nicht verborgen bleibt und können sich kaum dem Beziehungsgeflecht entziehen.

Es braucht andere Erwachsene außerhalb des Familiensystems, die die Kinder in ihrem Dilemma und ihrer Ambivalenz unterstützen. Fachkräfte können sich hier mit ihren kommunikativen Kompetenzen und ihrer recht ‚neutralen‘ Position anbieten und sich als Ansprechpartner/innen zur Verfügung stellen. Nachdem sich Rollen und ggf. Generationengrenzen im Familiensystem verschoben haben und räumliche Nähe und Distanz verändert wurden, ist es für Kinder und Jugendliche oft hilfreich, die Familiengeschichte z. B. mit einer gemeinsamen Genogrammarbeit zu beleuchten und die eigene Biografie anzuschauen.

Bedeutung für den Kinderschutz

In ihrer Untersuchung haben Blandow und Walter nach der Häufigkeit der Kontakte der Fachkräfte zu den Pflegekindern gefragt. Nur bei der Hälfte der Kinder in formellen Pflegeverhältnissen gab es öfter als zweimal im Jahr einen Kontakt, für „Verwandtenpflegekinder außerhalb einer HzE [Hilfe zur Erziehung] nur noch für etwa ein Viertel. In jedem 8. Fall wurde das Kind im letzten Jahr vor der Befragung nie oder so gut wie nie gesehen" (Blandow 2006: 7). Die Zahlen verdeutlichen, dass eine Begleitung der Pflegekinder durch eine Person außerhalb der Familie kaum für alle Pflegekinder gegeben ist. Ein wichtiger Aspekt im Kinderschutz ist genauso wie in der Fremdpflege die regelmäßige, verlässliche, selbstverständliche und krisenunabhängige Begleitung der Kinder, so dass diese es als ein Angebot zu einer Vertrauensbeziehung annehmen können. Einen Zugang zu den Pflegekindern zu finden ist ein bedeutsamer präventiver Aspekt zum Schutz der Kinder. Bei der Begleitung der Kinder muss Wert darauf gelegt werden, dass die Fachkräfte auch Zeit mit den Kindern alleine verbringen, damit es die Möglichkeit zum Reden außerhalb des direkten Einflusses der Verwandten gibt. Ferner brauchen Kinder und Jugendliche hier die Möglichkeit, auch Nein zu sagen, da sie sich vielleicht nicht verstanden fühlen oder kein Vertrauen entwickeln können. Vielleicht beraten und begleiten die Fachkräfte zugleich die Pflegeeltern und diese Konstellation ist für das Pflegekind mit seinen Sorgen und Anliegen nicht geeignet. Dieses Signal der Kinder ist zu beachten und wenn die Fachkraft nicht diese Vertrauensperson sein soll, wählen die Kinder selbst eine Person. Fachkräfte haben hier anzuregen, dass jemand anderes im sozialen Umfeld des Kindes diese Aufgabe übernehmen kann.

Für Pflegekinder sind es aber nicht nur die großen Geheimnisse, die belastend sein können, sondern auch die Sorgen und Probleme im Alltag, für die sie zuweilen Unterstützung benötigen (vgl. dazu Blandow & Küfner 2011: 758). Vielleicht sind die Großeltern aufgrund ihres Alters von kindlichen oder jugendlichen Themen und Sorgen zu weit weg, als dass sie von ihren Enkel/inne/n ins Vertrauen gezogen werden. Besonders in Familien mit einer hohen Dynamik und leiblichen Eltern, die immer wieder mitreden möchten, bedeutet Kinderschutz, dass Kinder einen Platz der Sicherheit und Stabilität jenseits der Probleme der Erwachsenen haben. Pflegekinder brauchen an ihrem neuen Lebensort Abstand von den Problemen und Schwierigkeiten der leiblichen Eltern, die dazu geführt haben, dass sie bei Verwandten aufwachsen. Die Gründe für die Abgabe der Kinder sind äußerst vielfältig (wie z. B. Suchterkrankungen, psychische Erkrankungen, schwerwiegende Konflikte, Vernachlässigung der Kinder u. a.; vgl. Blandow 2006: 16) und ganz praktisch bedeutet die Arbeit der Fachkräfte, dass sie dafür sorgen, dass

Kinder und Jugendliche nicht in alle Erwachsenenprobleme einbezogen und belastet werden.

Neben der persönlichen Begleitung der Kinder durch vorwiegend face-to-face-Kontakte und Einzelgespräche ist eine andere Unterstützungsmöglichkeit, dass für Pflegekinder aus Verwandtenpflegeverhältnissen eine spezielle Gruppe zum Austausch angeboten wird. Dort stehen die Bedürfnisse der Kinder oder Jugendlichen im Vordergrund und die Möglichkeit der Erfahrung, dass es anderen Verwandtenpflegekindern ähnlich geht. Die Erkenntnis, dass nicht alle Kinder bei den leiblichen Eltern aufwachsen, lässt ein diffuses Schamgefühl, dass die eigenen Eltern die Erziehung nicht schaffen, kleiner werden. Die Erfahrung bringt häufig ein Stück Normalität und relativiert einen Sonderstatus, den die Kinder vielleicht empfinden oder in den sie hineingedrängt werden. Der Austausch oder z. B. begleitende Freizeitaktivitäten, die innerhalb der Gruppe durch Fachkräfte organisiert werden, können im Alltag Entlastung und Abstand vom problembelasteten Familiensystem bringen.

6.3.2 Begleitung der Pflegekinder in Krisensituationen

Ein wohlwollender Blick auf Verwandtenpflegeeltern und die Aufwertung dieser Pflegeform darf nicht dazu führen, dass dort auftretende Schwierigkeiten ausgeblendet werden. Verwandtenpflegeeltern können gelingende Bedingungen des Aufwachsens für Kinder schaffen und ebenso gibt es von den Pflegeeltern zu verantwortende krisenhafte Situationen und gefährdende Bedingungen. Deshalb wird Kinderschutz in der Verwandtenpflegehilfe in Bezug auf Vernachlässigung und Gewalt näher in den Fokus genommen.

Kinder und Jugendliche erfahren viel Angst, Verlassenheit und Leid, wenn sie bei ihren Verwandten Vernachlässigung und/oder Gewalt erleben. Schon bei ihren leiblichen Eltern stand ihr Wohlergehen nicht im Mittelpunkt und jetzt erleben sie zum zweiten Mal, dass ihre Unversehrtheit, Bedürfnisse und Wünsche nicht wichtig sind. Sie hatten sich erhofft, dass es ihnen bei ihren Angehörigen besser ergehen wird, aber auch die Großeltern oder Tanten und Onkel geben ihnen keine Fürsorge. Es ist schwer, hier das Vertrauen in das Familiensystem oder zu den Erwachsenen nicht zu verlieren, da sich Kinder wahrscheinlich im Stich gelassen und alleine fühlen. Vielleicht fühlen sie sich auch darin bestätigt, dass es Kindern in Familien immer so ergeht und dass sie selbst Schuld sind und es nicht anders verdient haben.

Angehörige Pflegeeltern, die ihre Pflegekinder gefährden, sind in ihrer Erziehungs- und Fürsorgeaufgabe gescheitert. Neben einer offenbaren Überforderung kann es viele Gründe für vernachlässigende und gewalttätige Handlungen geben und häufig ist es ein Thema, das sich im gesamten Familiensystem abzeichnet oder das möglicherweise schon bei der Erziehung eigener Kinder virulent war und zwischen den Generationen weitergegeben worden ist. Es kann bei den Pflegeeltern eine Einsicht geben, dass Vernachlässigung und Gewalt falsch sind und dass man keine besseren Lösungen weiß, aber es kann ebenso sein, dass sie als adäquate Erziehungsmittel betrachtet werden. Die Haltung hierzu ist ausschlaggebend dafür, ob sich darum bemüht wird, die Situation zu ändern, und ob sich um Hilfe innerhalb oder außerhalb der Familie bemüht wird.

Krisen, die an einer Stelle entstehen, haben direkt Auswirkungen im ganzen Familiensystem. Manche Familien rücken reflexartig noch enger zusammen und verschließen sich jedem Versuch von außen, Einblick zu bekommen und sich zur Gefahrenabwendung einzumischen. Die beteiligten Erwachsenen wissen meist genau um die gefährdende Situation, wollen aber keine Einmischung und schaffen es nicht, sich einzugestehen, dass Hilfe notwendig ist. Für die betroffenen Kinder und Jugendlichen bedeutet es eine wachsende Gefährdung, wenn eine Öffnung nach außen fortwährend verhindert wird. Ein etwas anderes Szenario ist die Situation, wenn es weiterhin Gefährdungen durch die leiblichen Eltern gibt. Es sind die gleichen Gefährdungen, die das Familiensystem veranlasst haben, die Kinder zu Angehörigen zu geben. Manchmal können sie trotz der neuen Familienkonstellation nicht geschützt werden. Es ist die „mangelnde Abgrenzungsfähigkeit der Pflegepersonen von den leiblichen Eltern", die zulässt, dass die Kinder weiterhin gefährdet sind (Deutscher Verein für öffentliche und private Fürsorge 2014: 19). Die Abgrenzung von den leiblichen Eltern ist keine leichte Aufgabe, wenn die leiblichen Eltern sehr machtvoll agieren, aber die angehörigen Pflegeeltern sind mit der Aufnahme des Pflegekindes dafür verantwortlich, die Kinder vor jeglichen Gefahren zu schützen. Wenn das nicht gelingt, haben sie sich Unterstützung zu holen oder das Kind ist nicht in der geeigneten Familie untergebracht. Für Kinder entstehen dann gefährliche Situationen, wenn sich die leiblichen Eltern und die angehörigen Pflegeeltern miteinander verbünden und gemeinsam die Gefährdung verursachen. Für die Kinder und Jugendlichen hat sich mit dem Wechsel zu den Verwandten nichts an der vernachlässigenden oder gewalttätigen Situation geändert. Sie merken, dass alle beteiligten Erwachsenen sich nicht um ihr Wohl und ihre Unversehrtheit kümmern, und diese Erkenntnis lässt das Ohnmachtsgefühl, vielleicht verbunden mit einem Wertlosigkeitsgefühl, Wut und Verzweiflung, unermesslich ansteigen. Sie verlieren vollständig das Vertrauen darin, der Situation zu entkommen und werden vielleicht nicht anderen Verwandten oder Erwachsenen von ihrer Situation berichten.

Bedeutung für den Kinderschutz

Beim Auftreten von gewichtigen Anhaltspunkten gilt für Fachkräfte des öffentlichen Trägers § 8a Abs. 1 SGB VIII und wenn in die Begleitung und Beratung der Familie ein freier Träger involviert ist, gilt für ihn § 8a Abs. 4 SGB VIII. Das fachliche Vorgehen im Kinderschutz wurde in Kapitel 3.2.3 beschrieben und ist auf die Situation der Verwandtenpflegeverhältnisse übertragbar. Wenn das Verwandtenpflegeverhältnis ein formelles ist, haben die Fachkräfte bereits Informationen zur Familie und einen Einblick in die Lebenssituation. Wenn das Verwandtenpflegeverhältnis beim Auftreten der Anhaltspunkte ein informelles oder halbformelles ist, liegen den Fachkräften kaum Informationen vor. Sie sind wie bei allen anderen Familien auch sehr auf die Unterstützung und Bereitschaft der Eltern angewiesen, wenn sie eine Gefährdungseinschätzung vornehmen. Die besondere Herausforderung bei der Einschätzung ist neben der Bewertung der Anhaltspunkte der Überblick über die Risiko- und Schutzfaktoren im gesamten Familiensystem. Wenn die mangelnde Abgrenzungsfähigkeit zwischen leiblichen und Pflegeeltern nicht offensichtlich einen Teil der Kindeswohlgefährdung ausmacht, ist auf diese Beziehung in jedem Fall ein besonderes Augenmerk zu richten und als Risikofaktor einzuschätzen. Für das Vorgehen im Kinderschutz in der Verwandtenpflege ist das Wissen bedeutsam, ob die Gefährdung des Kindes bzw. der/des Jugendlichen von den Pflegeeltern oder den leiblichen Eltern ausgeht, um die Gefährdung schnell abzuwenden und Konsequenzen zu ziehen. Wenn die Gefährdung durch die leiblichen Eltern verursacht wird und die Pflegeeltern das Kind nicht vor den leiblichen Eltern schützen können (oder ggf. gibt es auch Situationen, in denen die leiblichen Eltern ihr Kind nicht vor den verwandten Pflegeeltern schützen können), dann ist das Arrangement der Verwandtenpflege insgesamt in Frage zu stellen. Fachkräften muss bewusst sein, dass sie weder negative Einflussnahme noch Besuchskontakte kontrollieren können. Auch Pflegeeltern können die Kontakte der leiblichen Eltern mit ihren Kindern nicht kontrollieren, wenn die leiblichen Eltern hinter deren Rücken die eigenen Kinder bedrängen.

Die Situation aus Sicht der Kinder muss man sich ebenso vergegenwärtigen. Für Kinder und Jugendliche kann es je nach Situation eine große Hürde sein, sich kritisch über die angehörigen Pflegeeltern oder über die eigenen Eltern zu äußern. Auch wenn die Kinder oder Jugendlichen Vernachlässigung und Gewalt erfahren, können die Loyalität und die Angst vor den folgenden Konsequenzen so groß sein, dass sie sich niemandem anvertrauen. Kinder wissen, dass die erwachsenen Familienmitglieder nicht richtig handeln, aber können nicht die Folgen vorhersehen und einschätzen.

Für die Fachkräfte im Kinderschutz bedeutet dies, dass sie einen Kontakt zu den Pflegekindern oder darüber hinaus auch zur Familie benötigen. Wenn es in Familien nicht gut läuft und das Wohl von Kindern gefährdet ist, brauchen Fachkräfte des öffentlichen Trägers Informationen dazu, um handeln zu können. Entweder werden die Zeichen für gefährdende Situationen von Personen aus dem nahen Umfeld und aus dem sozialen Netz erkannt oder das Jugendamt ist darauf angewiesen, dass die Familie Signale gibt, wenn die Situation schwierig ist und Unterstützung verlangt. Gerade wenn die Zusammenarbeit in der Verwandtenpflegehilfe nur sehr schleppend und der Zugang schwierig ist, brauchen Fachkräfte geduldige Beharrlichkeit in ihrem Angebot an Unterstützung und Hilfe.

Dass Kinder sich mit sich zuspitzenden Situationen an die Fachkräfte wenden, ist am ehesten gegeben, wenn das Kind oder die/der Jugendliche eine Vertrauensbeziehung zur Fachkraft hat oder es eine andere Vertrauensperson aus dem nahen Umfeld für das Kind gibt, die um die Unterstützungsmöglichkeiten und um die Möglichkeiten des Schutzes der Kinder und Jugendlichen durch die öffentliche Jugendhilfe weiß. Dennoch haben Fachkräfte sehr sensibel auf Signale der Kinder und versteckte Anhaltspunkte zu reagieren. Die häufig damit verbundenen schwierigen inneren Loyalitätskonflikte müssen von den Fachkräften antizipiert und erkannt werden. In der Situation, in der das Gefährdungsrisiko eingeschätzt werden muss (vgl. dazu auch Teil A) geht es nicht um das Familiensystem, das möglicherweise durch die aufgetretenen Vorwürfe geschlossen und massiv auftritt, sondern das Kind oder die/der Jugendliche steht mit ihrer/seiner Bedürftigkeit und Verletzungsoffenheit im Fokus der Bemühungen. Geht es in der Verwandtenpflege um die Gefahr der Kindeswohlgefährdung, dann ist das der Punkt, an dem neu auf alle Möglichkeiten der Hilfe durch die Jugendhilfe geschaut werden muss. Der Prozess der Einschätzung der Gefährdung mit den Pflegeeltern, ggf. auch den leiblichen Eltern, geht weit über das Alltagswissen um die Erziehung von Kindern hinaus. Es gibt in der Regel keine Erfahrungen im professionellen Umgang mit gefährdenden Situationen in der Verwandtenpflegefamilie. Die Fachkräfte sind jetzt mit ihrem Wissen und Erfahrungen gefordert und müssen der Verwandtenpflegefamilie deutlich machen, dass die selbst gewählte Hilfemöglichkeit durch das Familiensystem jetzt keinen Vorrang mehr hat, sondern dass Fachkräfte die Situation einschätzen und alle Hilfemöglichkeiten prüfen; durchaus mit der Beteiligung der betroffenen Kinder und Erwachsenen.

6.4 Zusammenarbeit mit den leiblichen Eltern

Es gibt viele Gründe dafür, dass Eltern ihre Kinder bei Verwandten aufwachsen lassen. Es ist davon auszugehen, dass sie diese Entscheidung aus einer Krise und

Notlage heraus treffen, bei denen eine Grenze erreicht ist (vgl. Wiemann 2007: 7). Die Ursachen können in der Lebensgeschichte der Eltern liegen, da sie z. B. an Krankheiten, Sucht- oder psychischen Krankheiten leiden. Vielleicht haben auch andere Familienangehörige ihnen dazu geraten, dass ihr Kind vorübergehend bei Verwandten leben soll, da die Kinder vernachlässigt und nicht gut versorgt werden. Die Entscheidungen dazu sind möglicherweise nicht immer freiwillig von den Eltern getroffen worden, sondern aus dem Druck der Familie entstanden und bedeuten eine einschneidende Veränderung im gesamten Familiensystem.

Es gibt sicherlich Eltern, die mit der Abgabe ihrer Kinder an Verwandte ganz aus deren Leben verschwinden und nicht mehr greifbar sind und andere, die weiterhin mit im erweiterten Familiensystem leben. Diese neue Familienkonstellation, in der Kinder ihren Lebensort und die Bezugspersonen gewechselt haben, muss für das Zusammenleben neue Regeln finden. Die Beziehung zwischen leiblichen und Pflegeeltern verändert sich und ist seitens der leiblichen Eltern fast immer durch Ambivalenz gekennzeichnet. Auf der einen Seite konnten sie Verantwortung abgeben und wissen, dass ihre Kinder jetzt mit besseren Bedingungen aufwachsen und auf der anderen Seite bleibt ein Gefühl, als Eltern versagt zu haben, und sie beobachten die neue Pflegefamilie möglicherweise mit viel Skepsis. Wenn die Eltern es zulassen, brauchen sie von Fachkräften eine Begleitung und Beratung in ihrer Situation. Sie müssen sich mit der Trennung von ihren Kindern, ihren Schuldgefühlen, ihrem Gefühl des Versagens, Eifersucht auf die verwandten Pflegeeltern und vielleicht Gefühlen der Erleichterung auseinandersetzen. Fachkräfte können hier einen Prozess des Vergegenwärtigens und Reflektierens anregen und Hilfestellung dazu anbieten. Eltern sind nicht darin geübt, mit der Situation umzugehen, in der sie ihre Kinder zu Verwandten gegeben haben, und Fachkräfte haben Überzeugungsarbeit zu leisten, dass die Auseinandersetzung für sie lohnend sein kann. Zweifellos stellt diese Arbeit mit den leiblichen Eltern eine wichtige Voraussetzung für die Biografiearbeit mit den Kindern dar. Unabhängig von den individuellen Gründen, die die leiblichen Eltern dazu bewegt haben, ihr Kind abzugeben und vielleicht keinen Kontakt mehr zu ihm zu halten, dürfen die leiblichen Eltern nicht zu einem Tabuthema werden. Wenn es für die Kinder nachvollziehbarer wird, was die leiblichen Eltern geleistet haben und welche Ereignisse und Notlagen es in ihrem Leben gegeben hat, können Entscheidungen der Eltern eher verstanden und leichter angenommen werden.

In der formellen Verwandtenpflege wird im Hilfeplangespräch über die Festlegung der Besuchskontakte gesprochen. Dieser Punkt führt leiblichen Eltern deutlich vor Augen, dass ihre Kinder jetzt nicht nur bei verwandten Pflegeeltern wohnen, sondern dass sie als Eltern jetzt als Besucher angesehen werden. Im Gegensatz zur Fremdpflegekinderhilfe haben leibliche Eltern in der Verwandtenpflege oft ein anderes Selbstverständnis und möchten ihre Kinder sehen und mit ihnen Zeit verbringen, wann immer sie wollen. Insbesondere wenn das Pflegeverhältnis zuerst informell war und dann zu einem formellen geändert wird, ist es für leibliche Eltern eine große Umstellung, wenn unerwartet Vorschriften von außen den Kontakt zu ihren Kindern bestimmen.

Bedeutung für den Kinderschutz

Für den Kinderschutz bedeutet es, dass sich Fachkräfte auf das Arrangement der Verwandtenpflege einlassen und es als ihre Aufgabe sehen, die Beziehung der beteiligten Kinder, der verwandten Pflegeeltern und der leiblichen Eltern untereinander zu fördern. Blandow und Küfner sprechen von einem „gesellschafts-untypischen großfamiliären Arrangement" (2011: 743) und weisen darauf hin, dass Fachkräfte sich mit dieser familiären Form auseinanderzusetzen haben, vor allem wenn aus Sicht der professionellen Fachkräfte diese Lebensform für die Kinder nicht die geeignetste ist. Auch innerhalb der Familie ist es trotz einer gemeinsamen Entscheidung nicht gegeben, dass alle Beteiligten das Wohl des Kindes in den Vordergrund stellen und sich alle einig sind. Hier gilt es neben der Begleitung der Pflegeeltern auch die leiblichen Eltern, wenn sie an der Förderung der Beziehungen interessiert sind, zu begleiten und weiterhin am Leben der Kinder zu beteiligen. Fachkräfte sind hier in ihren kommunikativen Kompetenzen und in ihrer Konfliktfähigkeit gefragt, um ggf. zwischen Erwachsenen zu vermitteln. Es bedarf zwischen leiblichen und Pflegeeltern sowohl einer jeweiligen Anerkennung der neuen Aufgaben und Rollen als auch des Respekts gegenüber vergangener Leistungen und Entscheidungen sowie vergangenen Engagements. Erst daraus kann ein gegenseitiges Einverständnis in die neue Situation entstehen, das im Familiensystem zu spüren sein wird. Für die Kinder bedeutet es eine enorme Entlastung von Loyalitätskonflikten und sie können sich freier zwischen den Erwachsenen bewegen. In einem Familienklima der gegenseitigen Ablehnung unter den Erwachsenen müssen Kinder eher vorsichtig agieren und aufpassen, wem sie ihre Zuneigung schenken. Zusammengefasst kann festgehalten werden, dass das Gelingen des Pflegeverhältnisses und damit das Gelingen des Arrangements der Familie entscheidend davon abhängt, wie sich die Kinder bei den verwandten Pflegeeltern fühlen und entwickeln und gleichzeitig wie gut der Kontakt zu den leiblichen Eltern ist. Dieses Wohlbefinden der Kinder wiederum hängt entscheidend davon ab, wie geklärt die gesamte Familiensituation ist und wie die Familie ihren Umgang und ihre Gesprächskultur gestaltet. Fachkräfte können dazu mit ihrem Blick von außen und ihrer Professionalität gute Unterstützung geben. Zudem lässt der Blick auf die Familiengeschichte manchmal Ressourcen im familiären Netzwerk erkennen, die durch die Fachkräfte aktiviert werden und von den Familienmitgliedern gut angenommen werden können.

Die strukturelle Umsetzung beinhaltet, dass leibliche Eltern, sofern sie dazu bereit sind, durch Fachkräfte eine Begleitung und Beratung bekommen. Ob diese Begleitung dieselbe Fachkraft übernimmt, die die verwandten Pflegeeltern begleitet, kann unterschiedlich sinnvoll sein. Für den Fall, dass das Familiensystem als Ganzes und in seinen Verflechtungen Unterstützung braucht, sollte sie in einer Hand liegen. Wenn es viele Streitigkeiten und Misstrauen gibt, wünschen sich die Beteiligten vielleicht mehrere Helfer/innen. Es gilt, individuell passende Unterstützungswege zu finden. Es sind auch Gruppenangebote für leibliche Eltern denkbar, die von Fachkräften angeleitet werden können. Dazu braucht es in der betreffenden Kommune aber genügend Interessent/inn/en.

Umgangskontakte sollen begleitet sein, insbesondere wenn die innerfamiliäre Situation konflikthaft ist. Wie schon in der Fremdpflegehilfe beschrieben sind die Kontakte sozial schwierige Situationen, in denen die Bedürfnisse der Kinder gelegentlich in den Hintergrund treten.

In der Verwandtenpflegehilfe wissen die Fachkräfte, dass es in den meisten Familien Kontakte zwischen leiblichen Eltern und Kindern gibt, von denen weder die Pflegeeltern noch die Fachkräfte Kenntnisse haben. Manchmal verschweigt auch das ganze Familiensystem den Helfer/inne/n weitere Kontakte. Diese sind kaum zu verhindern. Für die Begleitung der Kinder oder Jugendlichen ergibt sich daraus die Konsequenz, dass mit ihnen besprochen wird, dass sie sich an die Fachkräfte und ggf. an die Pflegeeltern wenden, wenn ihnen die heimlichen Kontakte zu viel werden und sie es nicht aushalten können, dass die Erwachsenen sich nicht an die Regeln halten.

7 Zusammenfassung der Empfehlungen für den Kinderschutz in der Verwandtenpflege

Die Verwandtenpflege stellt sowohl für Kinder und Jugendliche, die nicht bei ihren leiblichen Eltern aufwachsen, als auch für die Kinder- und Jugendhilfe eine wichtige Ressource dar. Es konnte deutlich herausgestellt werden, dass die Verwandtenpflege im Bezug auf den Kinderschutz gesondert betrachtet werden muss. Bei dem Blick auf den Kinderschutz in der Fremd- und Verwandtenpflege zeigt sich, dass die Ausgangssituationen unterschiedlich sind. Das in der Einleitung als irritierend und beunruhigend Beschriebene, wenn man über Kinderschutz in der Pflegekinderhilfe spricht, trifft in der Verwandtenpflege weniger zu. In der Verwandtenpflege scheint es weniger irritierend zu sein, über eine mögliche Gefährdung durch die Pflegeeltern zu sprechen. Die Verwandtenpflege wird, im Gegensatz zur Fremdpflege, eher kritisch betrachtet. Als weitere zentrale Unterscheidung, die eine gesonderte Betrachtung begründet, konnten die unterschiedlichen Motivationen der Pflegeeltern herausgestellt werden. Bei Verwandtenpflegeeltern geht es nicht darum, eine öffentliche Aufgabe zu übernehmen, sondern vielmehr darum, für ein vertrautes Kind aus der eigenen Familie zu sorgen.

Es wurde deutlich, dass ein direkter Vergleich von Fremd- und Verwandtenpflege nicht möglich ist. Die Voraussetzungen für die beiden Formen von Pflegeverhältnissen sind sehr unterschiedlich und der Prozess muss von den Fachkräften unterschiedlich gestaltet werden. Im Folgenden werden daher die spezifischen Empfehlungen für die Verwandtenpflege zusammengefasst.

Säule 1: Initiierung der Pflegeverhältnisse

Ein gelingender Kinderschutz in der Verwandtenpflege kann gewährleistet werden, wenn die Fachkräfte eine Beziehung zu den Beteiligten aufbauen können und als Unterstützung wahrgenommen werden. Ein erster Schritt sollte daher sein, in der Pflegekinderhilfe dafür zu werben, dass Familien sich dazu entscheiden, die Erziehung des Pflegekindes nicht informell zu gestalten, sondern dass sie in den Fachkräften der Pflegekinderdienste Ansprechpartner/innen sehen, die ihnen unterstützend zur Seite stehen können. Damit diese Unterstützung angenommen werden kann, ist eine wertschätzende Haltung gegenüber den Familien notwendig. Vor diesem Hintergrund ist über besondere Konzepte und Vorgehensweisen in Bezug auf Zugänge z. B. im auf Hinblick das Anerkennungsverfahren und die Vorbereitungskurse nachzudenken.

Säule 2: Begleitung und Beratung der verwandten Pflegeeltern

Ein wichtiger Aspekt für einen gelingenden Kinderschutz in der Verwandtenpflege ist, dass die Begleitung und Beratung der Verwandten genauso wie die Begleitung der Fremdpflegeeltern als bedeutend anerkannt werden und aus mindestens sechs bis acht Terminen im Jahr bestehen. Eine kontinuierliche, verlässliche, selbstverständliche und krisenunabhängige Begleitung und Beratung ist ein präventiver Aspekt im Kinderschutz. Begleitung und Beratung, die auf Anerkennung und Wertschätzung der verwandten Pflegeeltern beruhen, tragen zu einer vertrauensvollen Beziehung bei, in der mögliche Überforderungssituationen sichtbar gemacht werden können. Für die Begleitung und Beratung sind pädagogische Konzepte zu entwickeln, die die Besonderheiten der Verwandtenpflegeverhältnisse beachten. Es müssen niederschwellige Unterstützungs- und Kontaktangebote zur Verfügung gestellt werden, um vor allem auch denen einen Zugang zu ermöglichen, die zunächst nicht bereit sind, sich auf ein formelles Pflegeverhältnis einzulassen. Dabei ist zu beachten, dass es gesonderte Angebote für verwandte Pflegeeltern geben sollte, da sie sich mit anderen Themen und Herausforderungen als Fremdpflegefamilien beschäftigen.

Fort- und Weiterbildungen für die Fachkräfte, die sich mit den spezifischen Merkmalen der Verwandtenpflege auseinandersetzen, sind für die Begleitung und Beratung der Familien unterstützend.

Säule 3: Begleitung der Pflegekinder

Für einen gelingenden Kinderschutz ist genauso wie in der Fremdpflege die regelmäßige, verlässliche, selbstverständliche und krisenunabhängige Begleitung der Kinder unabdingbar. Gerade „aufgrund möglicher Verquickungen der erwachsenen Personen besteht die Gefahr, dass das Kind (noch) weniger Empfänger für mögliche Notsignale hat" (Pierlings & Schäfer 2011: 48). Daher ist das Vorhandensein einer Person, die einen vertrauensvollen Kontakt zum Kind hat, unerlässlich. Wer diese Vertrauensperson sein kann, muss individuell geprüft werden. Kinder und Jugendliche haben möglicherweise mehr Hemmungen, sich kritisch gegenüber eigenen Verwandten zu äußern, als gegenüber fremden Pflegeeltern. Daher muss umso mehr darauf geachtet werden, dass das Pflegekind die Möglichkeit hat, sich alleine mit der vertrauten Person auszutauschen. Aufgrund der Verstrickungen der verwandten Pflegefamilie mit den leiblichen Eltern besteht die Aufgabe der Fachkräfte darin, dafür zu sorgen, dass die Kinder und Jugendlichen nicht in die Auseinandersetzungen und Probleme der Erwachsenen einbezogen und damit belastet werden.

Ein Austausch der Kinder untereinander kann eine wichtige Ressource für den Schutz der Kinder darstellen. Es sollten daher spezielle Gruppen für Kinder aus Verwandtenpflegeverhältnissen zum Austausch installiert werden.

Säule 4: Zusammenarbeit mit den leiblichen Eltern

Ein wichtiger Aspekt des Kinderschutzes in der Verwandtenpflege ist es, dass die Fachkräfte es als ihre Aufgabe sehen, die Beziehung der beteiligten Kinder, der verwandten Pflegeeltern und der leiblichen Eltern untereinander zu gestalten. Eine professionelle Begleitung und Unterstützung aller Beteiligten kann dazu beitragen, dass ein gegenseitiges Einverständnis mit der neuen Situation entsteht, sowie dass die neuen Rollen anerkannt werden. Eine geklärte Familiensituation trägt entscheidend zum Wohlbefinden der Kinder bei. Auch für die leiblichen Eltern gilt es, passende Unterstützungsmöglichkeiten anzubieten. Wie auch in der Fremdpflege sollten die Besuchskontakte fachlich begleitet werden. Vor dem Hintergrund, dass gerade in der Verwandtenpflegehilfe Kontakte zwischen den leiblichen Eltern und den Kindern mitunter ohne die Kenntnis der Fachkräfte stattfinden, sollten die Kinder dafür sensibilisiert werden, dass sie sich an die Fachkräfte wenden können, wenn ihnen die Kontakte zu viel werden oder sie sich eine begleitende Person wünschen.

8 Herausforderungen des Kinderschutzes in der Pflegekinderhilfe

In Kapitel 4 haben wir die Empfehlungen für den Kinderschutz in der Fremdpflegehilfe zusammengefasst und in Kapitel 7 haben wir diese genauso für die Verwandtenpflegehilfe formuliert und zusammengefasst. Übergreifend dazu lassen sich die Herausforderungen und Grenzen, die der Kinderschutz für Fachkräfte der Pflegekinderhilfe mit sich bringt, in folgenden Aussagen beschreiben.

Umgang mit Komplexität

Kinderschutz – hier in der Pflegekinderhilfe – bedeutet mit einer großen Komplexität umzugehen und die damit einhergehenden hohen Anforderungen an die Professionalität zu bewältigen. Es ist ein wechselndes und nicht immer vorhersehbares Agieren und Reflektieren zwischen den Handlungsebenen und den Beteiligten erforderlich. Diese Komplexität wird unter dem Druck, dass ein Kind leidet, noch erschwert. Der Beitrag zeigt dazu Handlungsprinzipien und strukturelle Bedingungen auf, die sich reziprok beanspruchen und zusammen gedacht werden müssen. In der Auseinandersetzung mit dem Thema wurde deutlich, dass Kinderschutz Strukturen in Form von standardisierten Verfahrensabläufen, vereinbarten Hilfeplänen und Checklisten zur Gefährdungseinschätzung benötigt, auf die die Fachkräfte in Gefährdungssituationen zurückgreifen können. Es sind diese strukturellen Bedingungen und ein methodisches Repertoire, die das zielgerichtete und planende Handeln forcieren. Beispiele sind unter anderem die kontinuierlichen Begleittermine mit den Pflegeeltern oder dem Pflegekind. In dieser Struktur lässt sich ein Unterstützungsplan verfestigen, indem die Fachkräfte regelmäßig die Familiensituation oder -perspektive und Bedürfnisse erfragen und Schritt für Schritt mit den Klient/inn/en dazu Vereinbarungen treffen. Damit werden nicht nur praktische Veränderungen in den Pflegefamilien ermöglicht, sondern diese strukturellen Anforderungen verlangen auch eine Veränderung der institutionellen Handlungsbedingungen. Die Träger mit ihrem Unterstützungsangebot benötigen Ressourcen, damit diese Handlungsbedingungen möglich werden, und haben die dazu notwendigen Rahmenbedingungen zu organisieren.

Gleichzeitig verlangt der Kinderschutz Handlungsprinzipien oder eine Haltung von den Fachkräften, die die zweckorientierten Methoden und das Abarbeiten der Verfahrensanweisungen mit den Menschen in Verbindung bringt. Die Fachkräfte lassen sich in der Beziehungsarbeit auf die Klient/inn/en ein und stellen dabei deren Selbstbestimmung über sich und ihre Lebenssituation in den Vordergrund. Es ist die Akzeptanz des Weges, den die Klient/inn/en gewählt haben, und ihrer Gestaltung der Familiensituation, die die Haltung bestimmen, wenngleich diese Lebenssituation an den Kriterien des Kinderschutzes geprüft wird. Die Orientierung an und der Respekt vor den Selbstbestimmungsrechten der Klient/inn/en und das Annehmen der Menschen bilden eine professionelle Ethik, die die Grundlage für das Arbeitsbündnis zwischen Fachkräften und Klient/inn/en in der Pflegekinderhilfe und im Kinderschutz ist (vgl. Müller 1985: 31 ff.).

Für das Gelingen des Kinderschutzes in der Pflegekinderhilfe ist insbesondere das Zusammenspiel aller genannten sechs Säulen, die Auswahl und Vorbereitung der Pflegeeltern, die Begleitung und Beratung der Pflegeeltern, die Begleitung der Kinder, die Einbindung der Herkunftsfamilie, die Rolle des Vormundes und die Zusammenarbeit und Kooperation aller Beteiligten eine notwendige Voraussetzung. Die Komplexität des Handelns im Kinderschutz der Pflegekinderhilfe erhöht sich dadurch weiterhin, dass die Handlungsprinzipien und strukturellen Bedingungen in dieser Untersuchung jeweils für diese sechs Säulen oder Ebenen herausgearbeitet wurden. Dabei geht es um die Arbeit mit Kindern oder Jugendlichen, mit Klient/inn/en, die Pflegeeltern sind, oder Klient/inn/en, die die leiblichen Eltern sind, es geht um die Zusammenarbeit mit Fachkräften anderer, sehr unterschiedlicher Institutionen und um die Zusammenarbeit mit Kolleg/inn/en. Die Arbeit auf diesen unterschiedlichen Ebenen erfordert häufige Wechsel der Perspektiven und des Beratungs- oder Kooperationshandelns wie es im Bericht ausführlich dargestellt wurde. Im Kinderschutz muss mit dieser Komplexität auf den unterschiedlichen Ebenen umgegangen werden. Sie muss einerseits als Ganzes im Blick gehalten werden, um alle Dimensionen eines Falles zu begreifen und aufeinander beziehen zu können, und andererseits wird sie in der konkreten Arbeit in einzelne Schritte zerlegt und auf den individuellen Fall bezogen, um praktische Konsequenzen abzuleiten. Anders formuliert dürfen Fachkräfte sich weder in der Komplexität verlieren noch zu fokussiert Teilaspekte bearbeiten, ohne die Zusammenhänge zu sehen. Bei den Wechseln zwischen den Ebenen, den Wechseln im Austausch mit den Beteiligten und den Blickrichtungswechseln auf das gesamte Geschehen und Teilaspekten droht der Überblick verloren zu gehen. Dann kann es hilfreich sein, zum Ausgangspunkt des Themas zurückzukehren und sich zu fragen, wie es dem Pflegekind geht und was das Kind an Fürsorge und Erziehung in der jetzigen Situation und zukünftig braucht.

Umgang mit Ungewissheit

Eine zweite Herausforderung im Kinderschutz ist der Umgang der Fachkräfte mit der Ungewissheit im Prozess einer möglichen Kindeswohlgefährdung. Es ist die eigene Ungewissheit, ob man die Situation korrekt einschätzt und welches Handeln richtig ist, ob man die richtigen und genügend Informationen hat, um eine ausgewogene Entscheidung zu treffen, die weitreichende Konsequenzen für die beteiligte Pflegefamilie nach sich zieht. Zudem sind es die Ungewissheit und Unsicherheit der gefährdenden Pflegeeltern – was geschieht jetzt in der Familie? – und es sind die Ungewissheit und Unsicherheit der Pflegekinder – was geschieht mit ihnen? –, die in dieser Situation aufeinandertreffen. Im Bericht wird deutlich, dass es hier um einen Prozess geht, der mit mutmaßlichen Anhaltspunkten für eine Gefährdung und dessen Feststellung beginnt und der mit wirksamen Hilfen oder einer Herausnahme des Kindes endet. In diesem Prozess wird wiederkehrend eine Einschätzung vorgenommen, in der es immer wieder um die Grenze geht, wo eine Kindeswohlgefährdung beginnt und wo die Erziehung zum Wohl des Kindes nicht gewährleistet ist. Eine Kindeswohlgefährdung ist nicht allgemeingültig bestimmbar, sondern Vernachlässigung und Misshandlung sind immer auf das Alter und die Entwicklung der Kinder zu beziehen und im Kontext der Situation zu betrachten. Der Alltag von vielen Kindern bewegt sich in einem Bereich, in dem das Wohl und eine gelingende Erziehung der Kinder nicht kontinuierlich sichergestellt sind. Fachkräfte haben die Aufgabe herauszufinden, ob die Grenze zur Kindeswohlgefährdung überschritten ist. Dazu haben sie einen Maßstab anzulegen, der diese Grenze bestimmt und das Wohl des Kindes sichern soll, wobei es viele Beteiligte und viele Meinungen dazu gibt, was gutes Aufwachsen für Kinder und Jugendliche bedeutet. Aus vielen situativen Eindrücken und ggf. mit Hilfe eines Einschätzungsbogens entsteht ein Bild der Situation des Kindes, das durch eine Bewertung der Fakten zu einer Gefährdungseinschätzung wird. Dieses Ergebnis stellt allerdings nur eine Momentaufnahme dar, da sich die Situation in der Familie von jetzt auf gleich ändern kann. Eine Sicherheit in der Einschätzung, die man sich durch die kollegiale Beratung im Team erarbeitet hat, wird durch das Gespräch mit den Eltern oder durch das Gespräch mit dem Kind wieder in Frage gestellt. Aber es macht auch einen Teil der Professionalität aus, sich in seiner Ersteinschätzung irritieren zu lassen und neue Perspektiven zuzulassen. Jede neue Information oder Perspektive ist in die Gefährdungseinschätzung einzuarbeiten, und Fachkräfte pendeln mitunter zwischen Ungewissheit und Handlungssicherheit hin und her. Zudem erfordert die Gefährdungseinschätzung einen prognostischen Blick, d. h. es ist eine Tendenz zur weiteren Entwicklung des Kindes in der Familie anzugeben. Diese Einschätzung ist durch einen hypothetischen Charakter bestimmt und bewirkt, dass Fachkräfte auf ihr Erfahrungswissen zurückgreifen. Trotz der latenten Ungewissheit erfordert die Gefährdungseinschätzung und die Prognose eine Ausformulierung und Konkretisierung des Verdachts, für die auf Fakten zurückgegriffen wird, aber auch Hypothesen und Deutungen eine Rolle spielen. Für den Kinderschutz gibt es hier eine fachliche Absicherung, da Entscheidungen in der Gefährdungseinschätzung nie alleine sondern im Team und ggf. mit einer Kinderschutzfachkraft getroffen werden.

Fachkräfte müssen in der Lage sein, mit Ungewissheit und Unsicherheit im Kinderschutz umzugehen. Ungewissheit kann kaum beseitigt werden, aber sie lässt sich reduzieren, indem Informationen und Fakten zusammengetragen werden und Gefährdungseinschätzungsbögen Einsatz finden. Ungewissheit ist als immanenter Teil der Einschätzung und des Prozesses anzunehmen. Die damit einhergehende Unsicherheit ist im Kontext des eigenen fachlichen Handelns zu reflektieren. Dafür benötigen die Fachkräfte ausreichende Ressourcen, das bedeutet ausreichend Zeit, die Fälle gewissenhaft zu bearbeiten und ausführlich aus verschiedenen Perspektiven zu betrachten. Sie benötigen Zeit und Raum zur Reflexion dessen, was den Blick lenkt, wie sie die Lebenssituation des Pflegekindes wahrnehmen, welches Bild sie von der Familiensituation haben, wie sie die Gefährdung einschätzen und an welchen Stellen Ungewissheit und Unsicherheit ein Handeln verhindern oder den Blick verstellen. Selbstreflexion in der Fallbearbeitung, kollegiale Beratung im Team und Supervision helfen die eigene Unsicherheit zu reflektieren. Andere Perspektiven der Kolleg/inn/en oder das Treffen einer Entscheidung können die Klarheit und Handlungssicherheit wiederherstellen, mit der der Ungewissheit begegnet wird. Gegenüber den weiteren Beteiligten im Prozess der Gefährdungseinschätzung ist es für die Fachkräfte unerlässlich, selbst mit einer hohen Verbindlichkeit zu arbeiten, um der Ungewissheit im Prozess entgegenzusteuern. Handlungsschritte können angekündigt und Entscheidungen transparent gemacht werden. Es ist hilfreich, wenn man in seinem Handeln einschätzbar bleibt.

Umgang mit Pflegeeltern in Kinderschutzfällen

Eine weitere Herausforderung im Kinderschutz ist die Zusammenarbeit der Fachkräfte mit den Pflegeeltern, wenn diese eine Erziehung zum Wohl des Kindes nicht gewährleisten können und mit widersprüchlichen Elementen in der Situation umgegangen werden muss. Dies ist in der Zusammenarbeit mit Eltern in einer Situation der Fall, in der das Kindeswohl nicht gefährdet ist, aber die Erziehungsleistung der Eltern nicht ausreicht und das Kind vernachlässigt, nicht adäquat behandelt und nicht geschützt wird und seine Bedürfnisse nicht ausreichend erkannt und befriedigt werden. Es ist der in der Einleitung geschilderten Irritation geschuldet, dass Pflegeeltern, die ein Kind aufgenommen haben, um ihm zu helfen und ein Zuhause zu bieten, darin scheitern, dem Kind gute Bedingungen zu schaffen und es vernachlässigen und Gewalt aussetzen. Beides steht in der Pflegefamilie nebeneinander und sich dieser Tatsache bewusst zu sein, ist der erste Schritt für Fachkräfte, mit der Situation und den darin liegenden widersprüchlichen Elementen besonnen umgehen zu können. Die gemeinsame Arbeit mit den Pflegeeltern – Fremdpflegeeltern wie auch Verwandtenpflegeeltern – bedeutet hier, sie einzubeziehen, ihr Tun und Handeln und ihren Umgang mit dem Pflegekind kritisch zu prüfen und gleichzeitig ihr Bemühen um eine Verbesserung wertzuschätzen. Dazu ist es notwendig, für die Annahme von Hilfe und Unterstützung bei den Eltern wiederholt zu werben. Gleichwohl kann es ein Misstrauen gegenüber den Pflegeeltern geben, das nachvollziehbar ist, wenn ein Kind sichtlich leidet. Dieses Misstrauen kann von den Fachkräften nicht leichtfertig ignoriert werden. Insbesondere wenn die Gründe für das Handeln der Pflegeeltern nicht in Belastung und Überforderung gesehen werden – wofür man ggf. eine Erklärung finden könnte –, sondern sich ein Eindruck aufdrängt, dass sie die Situation nicht ändern wollen und dem Pflegekind absichtsvoll schaden. Fachkräfte haben hier gut für sich zu reflektieren, ob sie mit den Pflegeeltern weiterhin zusammenarbeiten können. Ein Misstrauen, ob die Pflegeeltern die Situation verändern können und wollen oder ob sie sich für das Kind weiter verschlechtert, darf die gemeinsame Arbeit nicht beherrschen. Fachkräfte brauchen die Vorstellung davon, dass die Eltern Einsicht zeigen. Das gemeinsame Ziel, dem Kind wieder gute Bedingungen des Aufwachsens zu bieten, ist sonst nicht oder nur schwer zu erreichen. Es ist Aufgabe der Fachkräfte, durch kritisches Nachfragen, Anbieten von Hilfe und konsequentes ‚Dranbleiben' an der Familie eine tragfähige Unterstützung zu initiieren.

Ebenso mutet es als ein widersprüchliches Element in der Sozialen Arbeit an, dass mit Eltern, die dafür verantwortlich sind, dass es einem Kind nicht gut geht, viel gearbeitet wird. Diese bekommen Aufmerksamkeit, und die Kinder stehen in ihrer schwierigen Situation manchmal dahinter zurück und weniger im professionellen Fokus. Hier ist dem Umstand Rechnung zu tragen, dass die Pflegeeltern die Verantwortung für die Gestaltung der Lebenssituation tragen und dass sie ihr Verständnis von guter Erziehung und Fürsorge, ihr Verhalten wie auch die Erziehungsbedingungen revidieren müssen. Pflegekinder haben im Veränderungsprozess eine eher passive Rolle inne, und es erfordert von den Fachkräften einen sensiblen Umgang, die Kinder zu schützen, zu trösten und ebenso zu stärken und ihr Recht auf Selbstbestimmung zu beachten. Fachkräfte haben gut abzuwägen, ob sie den Bedürfnissen der Pflegekinder wie auch der Pflegeeltern hier gerecht werden können oder ob weitere Kolleg/inn/en zu beteiligen sind.

Die Konsequenz daraus ist, dass Fachkräfte sich der Abhängigkeit von der Mitwirkung der Pflegeeltern bewusst sind. Pflegeeltern müssen subjektiv vom Weg überzeugt sein und die Hilfe aus sich selbst heraus beginnen (vgl. Müller 2009:

57 ff.). Damit ist eine Situation geschaffen, in der tatsächliche Veränderungen möglich sind. Gleichzeitig ist damit eine Grenze des fachlichen Handelns und dessen Auswirkungen beschrieben. Fachkräfte können Pflegeeltern unterstützen, indem sie für gute Bedingungen in der Begleitung sorgen und den Eltern mit einer professionellen Haltung begegnen, aber die Veränderung der Fürsorge und Erziehung liegt bei den Pflegeeltern.

Umgang mit anspruchsvollen Kooperationsbeziehungen

Eine vierte Herausforderung im Kinderschutz ist die Zusammenarbeit und Kooperation aller Beteiligten. Es ist eine wiederkehrende elementare Herausforderung, da Begleitungs- und Hilfeprozesse in der Sozialen Arbeit und hier in der Pflegekinderhilfe an den Stellen schwierig werden, an denen die unterschiedlichen Professionen oder Institutionen aufeinander treffen. Diese Herausforderung ist in Kapitel 3.6 dargestellt.

Diskussionsanstoß

Es zeigt sich, dass die Empfehlungen für den Kinderschutz sich gut an das Gelingen in der Pflegekinderhilfe – das schon an vielen anderen Stellen thematisiert worden ist und in den Interviews eindrücklich beschrieben wurde – anschließen lassen. Anders formuliert ist ein fachlich fundiertes Arbeiten in der Pflegekinderhilfe ein Garant für den Kinderschutz. Gleichwohl bleibt anzumerken, dass die Realität hinter dem hier gesetzten Anspruch des Kinderschutzes in der Pflegekinderhilfe in vielen Fällen zurückbleibt. Die Qualität und Dichte der Begleitung der Pflegekinder, der Herkunftseltern und der Pflegeeltern ist in den Kommunen sehr unterschiedlich und hängt von den zur Verfügung gestellten Ressourcen ab. Diese Einsicht lässt sich als Subtext aus einigen Interviews und aus den Expertenworkshops herauslesen und nach der Erhebung des Deutschen Jugendinstituts (vgl. Kindler u. a. 2011) lässt es sich anhand eines Richtwertes für die Betreuung von Pflegefamilien von Fachkräften im Pflegekinderdienst (öffentliche oder freie Träger) darstellen. 80 % von 142 befragten Kommunen lagen über dem Richtwert von 1:35 (eine Fachkraft betreut 35 Pflegefamilien) und 47 % „der antwortenden Gebietskörperschaften mit einem spezialisierten Pflegekinderdienst liegen selbst über dem relativ großzügig gefassten Richtwert von 1:50" (Ristau-Grzebelko 2011: 15). Bei einer noch größeren Anzahl zu betreuender Pflegefamilien ist die beschriebene intensive Begleitung und Beratung der Pflegefamilie und des Pflegekindes nicht möglich. Mit unserem Bericht möchten wir auf diese Zahlen und die Gegebenheiten in der Praxis erneut aufmerksam machen und darauf hinweisen, dass dazu die Fragen nach der Qualität und dem Kinderschutz in der Pflegekinderhilfe gestellt werden müssen. Dennoch sind die Anforderungen des Kinderschutzes nicht nur auf die Frage nach den Ressourcen zu verengen. Unser vorgestellter Ansatz im Kinderschutz zielt inhaltlich auf das aktive Einbeziehen des Pflegekindes und das Sichtbarmachen seines Schutzbedürfnisses, auf eine Professionalisierung der Begleitung und Beratung der Pflegeeltern und auf die Entwicklung einer professionellen Zusammenarbeit der Beteiligten. Die Beratung der Pflegeeltern und das damit verbundene reflexive Vorgehen intendiert eine Sensibilisierung für das eigene Verhalten und den Umgang mit dem Pflegekind und soll einen Beitrag zur fachlichen Befähigung leisten. Der dargestellte Ansatz dient damit gleichzeitig der Professionalisierung der Hilfeform und der damit verbundenen Professionalisierung der Erziehungsleistung der Pflegeeltern durch Reflexion und Beratung.

Beruhigend ist – um das Irritierende aus der Einleitung weiter aufzulösen –, dass letztendlich die Diskussion der fachlichen Weiterentwicklung der Pflegekinderhilfe bereits geführt wird (vgl. dazu z. B. AGJ 2013), dass viele gute Ansätze und Konzepte im Kinderschutz bereits für andere Bereiche der Kinder- und Jugendhilfe entwickelt worden und übertragbar sind und dass uns viel Fachkompetenz in der Praxis begegnet ist. Zusammengeführt wird all das zu einem Kinderschutzansatz in der Pflegekinderhilfe, der Kinder in schwierigen Situationen im Blick behält. Ein erster Schritt ist es nun, die Thematik des Kinderschutzes in den Pflegefamilien als bedeutsam anzuerkennen und wir möchten mit unseren Empfehlungen die Diskussion dazu anstoßen.

9   Exkurs: Supervision im Kinderschutz in der Pflegekinderhilfe

Das hier aufgezeigte Handeln in der Pflegekinderhilfe unter besonderer Berücksichtigung des Kinderschutzes ist für die Fachkräfte an vielen Stellen eine Herausforderung. Fachlich angemessenes Handeln in den vorgegebenen Strukturen, die Reflexion desselben und die emotionale Verarbeitung der Geschehnisse sind zu leisten. Supervision stellt hier einen bedeutsamen Ort und einen wichtigen Zeitraum für die Reflexion des beruflichen Handelns in der Sozialen Arbeit dar. Als ein Gegenüber zur Arbeitswelt lässt sie sich als ein Freiraum beschreiben, in dem Austausch über und Auseinandersetzung mit Situationen und Geschehnissen aus dem Berufsalltag stattfinden. Das, was Supervision hier leisten kann, lässt sich zunächst auf drei Ebenen darstellen.

Ableitend aus dem ausgeführten Kinderschutz in der Pflegekinderhilfe ermöglicht Supervision zunächst die Reflexion des fachlichen Handelns und dessen Konsequenzen. Außerhalb des Handlungsdrucks können Fachkräfte in der Supervision ihre Gedanken auf erlebte und erfahrene Situationen in der Arbeit mit Pflegefamilien hinwenden. Fachliches Handeln wird durch die Erzählung sortiert, auf Stimmigkeit geprüft und Schwieriges wird bewusst. Es ist Aufgabe der Supervisor/inn/en und ggf. weiteren beteiligten Supervisand/inn/en als ein kritisches Gegenüber zu fungieren. Dazu wird ein kritischer Blick auf das fachliche Handeln, auf Entscheidungen und auf die gegebenen Rahmenbedingungen geworfen. Es können schwierige Phasen von Handlungs- und Entscheidungssituationen hervorgehoben werden, um die getroffenen Entscheidungen zu verdeutlichen, zu hinterfragen und um bewusst andere Perspektiven zum Geschehen einzunehmen. Wissen und Erfahrungen in der Supervisionsgruppe ermöglichen den falleinbringenden Supervisand/inn/en, alternative Entscheidungen oder alternatives Handeln zu durchdenken. Insofern beinhaltet Supervision hier auch eine Fachberatung. Darüber hinaus blickt Fallsupervision gleichsam auf die beteiligten Organisationen. Beim öffentlichen oder freien Träger können im Kinderschutz Aspekte wie z. B. Überlastung, fehlende Verantwortungsübernahme, fehlende Kooperationen, Brüche im Organisationshandeln, Unzulänglichkeit der fachlichen Vorgaben und Dienstanweisungen oder Unzulänglichkeit im fachlichen Handeln etc. sehr bedeutsam werden. In der Betrachtung des Einzelfalls sind diese genannten Aspekte herauszuarbeiten und zu reflektieren. Wenn Brüche im Kinderschutzhandeln erkennbar über den Einzelfall hinausgehen, sind ggf. die Konzepte zum Kinderschutz und Arbeits- und Organisationsabläufe anzupassen.

Ging es in dem zuerst dargestellten Ansatz mehr um das rationale Verstehen, so soll nun auf einer zweiten Ebene die eigene emotionale Involvierung verstanden werden. Die Arbeit mit Pflegefamilien und Geschehnisse, die das Wohl des Pflegekindes betreffen, lassen bei den Fachkräften ein Spektrum an Gefühlen sichtbar werden. Diese sind wahrzunehmen, da sie das Handeln und die Beziehungen erheblich beeinflussen und im Arbeitsalltag häufig wenig Zeit für die emotionale Verarbeitung bleibt. In der Supervision können sie Platz finden, wenn Fachkräfte erzählen, welche Ereignisse für sie bedeutsam waren, was diese möglicherweise mit ihnen selbst zu tun haben und wie es ihnen im Hier-und-Jetzt damit geht. Es ist eine gemeinsame Entdeckungsarbeit aller am Supervisionsprozess Beteiligten, in dem sie sich in verschiedene Positionen hineinversetzen. Das Konzept, sich in seine Mitmenschen einzufühlen, ermöglicht, über die Benennung des Gefühls zum Kern zu gelangen, warum jemand so gehandelt hat, wie er handelt. Es braucht ein Gegenüber, die/der durch Einfühlung und durch das zur Verfügung Stellen ihrer/seiner Wahrnehmung der/den falleingebenden Supervisand/in zu einem Mehr an Erkenntnis und Klärung verhilft. Die gewonnene Klarheit als Teil der Reflexion schafft Platz, sich anderen fremden Perspektiven zuzuwenden. Durch das gemeinsame Gefühl und Verstehen können sich also mehr Perspektiven entdecken lassen. Die Erfahrung des Verstandenwerdens zielt darauf, dass im Prozess die einen den anderen Hilfe und Ergänzung sein können (vgl. Weigand 2012: 12). Wenn sich für die Fachkräfte eine Entlastung oder Klärung diffuser Wahrnehmungen einstellt, ist in der Supervision etwas gelungen. Zudem bestimmen die Gefühle die Beziehungsdynamik, die zwischen Fachkraft und den Beteiligten der Pflegefamilie virulent ist und die ebenso verstanden werden muss. Die Reflexion der Beziehungsdynamik ist entschieden notwendig, um die psychosoziale Situation der Beteiligten der Pflegefamilie und die eigene Verstrickung in das Familiensystem besser zu verstehen. Um ausreichend Nähe und Distanz in der (Beratungs-)Beziehung zu Pflegeeltern oder Pflegekindern herstellen zu können und um nicht das Spannungsverhältnis zwischen Hilfeangebot und Kontrollauftrag zu Ungunsten einer Seite aufgeben zu müssen, bedarf es der Reflexion und Analyse der Beziehungen der Involvierten.

Ein dritter Ansatzpunkt von Supervision ist die Verbindung des Erzählten mit theoretischen Konzepten und Theorien, die neue Verstehenszugänge ermöglichen. Auf der Grundlage von unterschiedlichen theoretischen Konzepten (z. B. Praxeologien der Sozialen Arbeit oder Theorien aus der Psychologie oder den Sozialwissenschaften), können unterschiedliche Erklärungsansätze in der Supervision angeboten werden. Es ist ein dialogischer Prozessschritt in der Supervisionsgruppe oder zwischen Supervisand/in und Supervisor/in, in dem aus den herangezogenen Theorien Hypothesen für die eingebrachte Fallschilderung abgeleitet werden. Die falleinbringenden Supervisand/inn/en gleichen die Hypothesen mit ihrer eigenen Wirklichkeit der Familiensituation ab, indem sie daran emotional anschließen können und sie als subjektiv zutreffend annehmen oder verwerfen. Später, in ihrer Arbeit mit der Familie, kann durch eine zweite Reflexionsschleife die Hypothese erneut auf Stimmigkeit geprüft werden. Dabei geht es nicht darum, das Erziehungsverhalten der Herkunfts- oder Pflegeeltern oder das Verhalten des Pflegekindes zu etikettieren, sondern darum, es zu verstehen. Zudem geht es auch nicht darum, der Familiendynamik eine eindeutige Theorie zuzuordnen, da die Theorien im Supervisionskontext nicht als technokratisch eindeutige Erklärungen fungieren. Sie stellen einen Teil des Deutungs- und Verstehensansatzes dar, sollen den Blick weiten und können monokausalen Erklärungen entgegenwirken.

Zum Beispiel kann die Entwicklungspsychologie die Situation des Pflegekindes in der Herkunftsfamilie näher beleuchten. Für die Pflegekinderhilfe lässt sich Eriksons Konzept des Lebenszyklus mit acht Grundaufgaben heranziehen, das ein Modell der Persönlichkeitsentwicklung darstellt. Nach Erikson müssen acht Aufgaben, die sich auch als Phasen darstellen lassen, im Leben eines Menschen im Zusammenspiel und in der Auseinandersetzung mit der Gesellschaft bewältigt werden. Diese Phasen beinhalten positive wie auch negative Entwicklungsmöglichkeiten. Damit der Mensch eine ausgeglichene Persönlichkeit und eine Identität entwickeln kann, sind möglichst viele positive Erfahrungen existenziell. Wenn die Aufgaben nicht bewältigt werden oder unerledigt bleiben und viele negative Erfahrungen den Lebenslauf bestimmen, sind diese eine Quelle der Angst für Kinder und bedeuten eine Entwicklungsstagnation. Zukünftige Krisen im Leben können nur schwer bewältigt werden und es kann ein Keim zu dissozialer Fehlentwicklung entstehen (vgl. Gröning 2011: 141 ff.). Die Säuglingsphase hat Erikson mit ‚Urvertrauen versus Urmisstrauen‘ überschrieben. Im ersten Lebensjahr ist es unabdingbar, dass ein Kind ein ausreichendes Maß an Urvertrauen kennenlernt, das sich zunächst durch den Kontakt zur Mutter bildet. Das Kind lernt Vertrauen und Hoffnung ebenso wie Misstrauen und Angst, wobei das Vertrauen überwiegen muss, um zur Grundlage eines jeglichen Selbstwertgefühls zu werden (vgl. Conzen 2010: 63 ff.). In der zweiten Entwicklungsphase braucht das Kind ermutigende Erfahrungen, so dass das Urvertrauen durch das Gefühl der Autonomie bereichert wird. Die dazu gegenübergestellten Gefühle sind die Scham und der Zweifel, die dafür stehen, wenn Kinder sich zu häufig klein und ohnmächtig fühlen (vgl. ebd.: 70). Das Kindergartenalter ist von Erikson mit ‚Initiative versus Schuldgefühl‘ überschrieben worden. Die gesteigerte Initiative der Kinder bedeutet für Erikson das ungebremste Neugierverhalten, da die Kinder bereit sind, schnell und begierig zu lernen. In dieser Phase wachsen Zielstrebigkeit, Kreativität und Freude am Selbstausdruck (vgl. ebd.: 76 f.). Kinder dürfen in dieser Phase nicht zu sehr mit Verboten gebremst werden, so dass unverhältnismäßige Schuldgefühle entstehen (vgl. Gröning 2011: 144). In der Grundschulzeit begegnen sich ‚Werksinn und Minderwertigkeitsgefühl'. Grundschulkinder möchten in dieser Phase noch mehr lernen und streben danach, produktiv zu sein, Kompetenzen zu entwickeln und zu zeigen und stolz auf die eigene Leistung zu sein. In der Schule erleben sie zum ersten Mal Kompetenz und Inkompetenz. Sie brauchen aber die überwiegend ermutigenden Erfahrungen, selbst etwas geleistet zu haben, um Selbstvertrauen und Ich-Stärke entwickeln zu können. Wenn dieser von Erikson bezeichnete Werksinn sich nicht ausbildet, breiten sich unter Umständen infantile quälende Minderwertigkeitsgefühle aus (vgl. Conzen 2010: 78 ff.). Die fünfte Phase liegt in der Adoleszenz und wird mit ‚Identität versus Identitätsdiffusion' überschrieben. Diese Entwicklungsphase wird häufig am intensivsten gelebt und kann mit den tiefsten Krisen einhergehen. Neue Körpererfahrungen, die Anerkennung durch Gleichaltrige, die Ablösung von den Eltern, die Faszination der intimen Partnerschaft, der ambivalente Blick auf die Welt der Erwachsenen und auf die eigene berufliche Zukunft sind Quellen der Identitätsstiftung. Gleichzeitig können sie Quellen der Identitätsdiffusion sein, wenn die darin liegende Suche nach einem Platz in der Gesellschaft und das Experimentieren mit Identitätsentwürfen, Rollen und Verhaltensweisen nicht gelingen mag (vgl. ebd.: 81 ff.; Gröning 2011: 147).[10]

Die hier in aller Kürze dargestellten Grundaufgaben bieten in ausführlicher Form eine Folie, auf der Fachkräfte und Supervisor/in gemeinsam reflektieren können, ob die Pflegekinder die Chance hatten, in den Entwicklungsphasen die entsprechend notwendigen Erfahrungen zu machen. Es geht darum, das Verhalten von Pflegekindern besser zu verstehen und die Begleitung der Pflegekinder danach abzustimmen. Die Pflegeeltern sind von den Fachkräften in diesen Verstehensprozess miteinzubeziehen.

Einen weiteren Blick auf die Situation in der Herkunftsfamilie und ihre möglichen Auswirkungen in der Pflegefamilie bieten hier auch Bindungstheorien, wie z. B. von Bowlby oder Ainsworth. Die Bindungstheorie legt einen Fokus auf die dyadische Bindungserfahrung des Säuglings mit der primären Bezugsperson. Es ist ein universelles, primäres menschliches Bedürfnis, diese emotionale Beziehung herzustellen, welches als lebenslange Beziehungserfahrung verinnerlicht wird. Mary Ainsworth hat unterschiedliche Qualitäten des Bindungsverhaltens bei Säuglingen erforscht und unterscheidet Kinder mit sicher gebundenem Verhaltensmuster, Kinder mit unsicher-vermeidend gebundenem Verhaltensmuster, Kinder mit unsicher-ambivalent gebundenem Verhaltensmuster und Kinder mit

---

10 Die Phasen sechs bis acht liegen im Erwachsenenalter und sollen hier nicht weiter dargestellt werden. Vgl. dazu Conzen 2010: 86–95.

desorganisiertem Bindungsverhalten. Für die Qualität des entstehenden Bindungstypus ist es entscheidend, wie feinfühlig und wie zutreffend eine Mutter die Bedeutung der Signale ihres Säuglings in den ersten neun Monaten interpretiert (vgl. Kreische 2008: 531). Daran anknüpfend lässt sich späteres Bindungsverhalten, die Affektregulierung der Kinder und die Entwicklung des Selbst besser verstehen (vgl. Strauß 2008: 101 ff.).

Im Kinderschutz in der Pflegefamilie spielt sicherlich das psychoanalytische Konzept der Übertragung und Gegenübertragung eine bedeutsame Rolle und in welcher Weise Situationen aus der Herkunftsfamilie in der Pflegefamilie reinszeniert werden. In den Interviews wurde eindrucksvoll geschildert, mit welchen Erfahrungen und Belastungen manche Kinder in den Pflegefamilien ankommen. Übertragungen der Pflegekinder bedeuten hier, dass erfahrene und verinnerlichte Beziehungsmuster aus der Vergangenheit in der Beziehung zu den Pflegeeltern unbewusst wiederholt und neu inszeniert werden. Es sind nicht die vergangenen Situationen, sondern die darin liegenden Beziehungen, die mit Affekten verbunden sind, die sich nun in der Beziehung zu den Pflegeeltern wiederholen. Ein sich wiederholendes Beziehungsmuster oder anders ausgedrückt die Bedeutung, die das Kind der früheren Beziehung zuweist, löst die Affekte wieder aus. Diese Affekte des Kindes können mitunter sehr stark sein und treffen im Hier-und-Jetzt auf die Pflegeeltern. Es sind die Affekte der vergangenen inneren Konflikte, die übertragen werden, und dahinter steht der Wunsch, dass sich diese Konflikte lösen und sich ein Gefühl der Entlastung einstellt (vgl. Stemmer-Lück 2004: 97 ff.). Die Affekte des Pflegekindes in der Übertragung lösen mitunter starke Affekte bei den Pflegeeltern aus und treten als unbewusste Gegenübertragung auf. Situationsabhängig und individuell unterschiedlich können die Affekte ausagiert werden. Das bedeutet, dass z. B. Wut und Aggressionen sich bei den Pflegeeltern im Handeln zeigen. Die Affekte werden nicht erkannt und kontrolliert sondern ausagiert, so dass sich eine potentiell gefährdende Situation für das Pflegekind entwickeln kann. Diese Affekte, die die Pflegeeltern vielleicht selbst irritieren, müssen als Gegenübertragung verstanden werden. Also als eine unbewusste Reaktion auf die Übertragung der Kinder. Pflegeeltern müssen auf solche Situationen vorbereitet sein, da man unbewusste Gegenübertragungsreaktionen nicht verhindern kann. Auch hier geht es um das Verstehen und um die Reflexion und Klärung von schwierigen Situationen aus dem Familienleben, so dass künftig ähnliche Übertragungssituationen durch Rückgriff auf die neuen Umgangserfahrungen besser bewältigt werden können.

Aus einer Vielzahl an theoretischen Ansätzen sind hier einige kurz dargestellt, um ihren Nutzen und ihre Anwendbarkeit zu illustrieren. Das Heranziehen der theoretischen Konzepte lässt nicht nur Fachkräfte Situationen in den Pflegefamilien besser verstehen, sondern sie können dieses Wissen in der Begleitung und Beratung der Pflegeeltern an diese weitervermitteln. Helming u. a. stellen dazu fest: „Es wird darauf ankommen, den Eltern eine verstehende Sicht auf die Anpassungsversuche des Kindes zu eröffnen, das in seinem Welt- und Beziehungserleben massiv beeinträchtigt wurde und auf abnorm erscheinende Verhaltensweisen zurückgreifen muss, um Ängste zu regulieren und Spannungen erträglich zu halten" (Helming u.a 2011: 468). Wenn es Pflegeeltern auch in überfordernden Situationen gelingt, eine verstehende und empathische Sicht auf das Pflegekind einzunehmen, ist für den Kinderschutz viel erreicht. Fachkräfte können diesen Prozess durch fachliches Handeln und eine professionelle Haltung wirkungsvoll unterstützen. Ähnlich wie Pflegeeltern durch Fachkräfte immer wieder durch Erkenntnisse und Beistand unterstützt werden, so können Fachkräfte ihrerseits entsprechende Unterstützung und Erkenntnisgewinn in der Supervision finden.

Literatur

Arbeitsgemeinschaft für Kinder- und Jugendhilfe (AGJ) (2013): Private Erziehung in öffentlicher Verantwortung – Folgen für die Kompetenzanforderungen in der Kindertagespflege und der Pflegekinderhilfe. Diskussionspapier der Arbeitsgemeinschaft für Kinder- und Jugendhilfe. URL: http://www.agj.de/fileadmin/files/positionen/2012/Private_Erziehung_in_oeffentlicher_Verantwortung.pdf [Zugriff am 25.08.2014].

Althoff, Monika (2012): Der Beratungsprozess und das Rollenverständnis der Kinderschutzfachkraft. In: Institut für soziale Arbeit e.V.; Deutscher Kinderschutzbund Landesverband NRW e.V.; Bildungsakademie BiS (Hrsg.): Die Kinderschutzfachkraft – eine zentrale Akteurin im Kinderschutz. Broschüre. Münster. S. 77–87.

Bathke, Sigrid (2006): Ehrenamtliche Einzelvormünder: Gewinnen – Schulen – Begleiten. In: Institut für soziale Arbeit e.V. (Hrsg.): ISA-Jahrbuch zur sozialen Arbeit. Münster. S. 145–163.

Blandow, Jürgen (2006): Verwandtenpflege in Deutschland. Ergebnisse zu einer Untersuchung. Diskussion von Konsequenzen. URL: http://www.pflegekinder-berlin.de/files/verwandtenpflege_referat_2006.pdf [Zugriff am 03.03.2015].

Blandow, Jürgen; Küfner, Marion (2011): „Anders als die anderen …" Die Großeltern- und Verwandtenpflege. In: Kindler, Heinz; Helming, Elisabeth; Meysen, Thomas; Jurczyk, Karin (Hrsg.): Handbuch Pflegekinderhilfe. 2. Aufl. München: Deutsches Jugendinstitut e.V. S. 742–767.

Bundesministerium für Familie, Senioren, Frauen und Jugend (BMFSFJ) (Hrsg.) (2013): 14. Kinder- und Jugendbericht. Bericht über die Lebenssituation junger Menschen und die Leistungen der Kinder- und Jugendhilfe in Deutschland.

Bundesministerium der Justiz und für Verbraucherschutz (BMJV); juris GmbH: Gesetze im Internet. URL: http://www.gesetze-im-internet.de/aktuell.html [Zugriff am 09.07.2015].

Conzen, Peter (2010): Erik H. Erikson. Grundpositionen seines Werkes. Stuttgart: Verlag W. Kohlhammer.

Deutscher Verein für öffentliche und private Fürsorge e.V. (2014): Empfehlungen des Deutschen Vereins zur Verwandtenpflege. URL: http://www.deutscher-verein.de/05-empfehlungen/empfehlungen_archiv/2014/DV-26-13-Empfehlungen-Verwandtenpflege [Zugriff am 17.12.2014].

Deutsches Institut für Jugendhilfe und Familienrecht e.V. (DIJuF) (2011): Zur Umsetzung des Gesetzes zur Änderung des Vormundschafts- und Betreuungsrechts. URL: https://www.dijuf.de/tl_files/downloads/2011/DIJuF-Hinweise_zur_Umsetzung_des_VormG_vom_14.10.2011.pdf [Zugriff am 19.03.2015].

Flick, Uwe; von Kardorff, Ernst; Steinke, Ines (2010): Was ist qualitative Forschung? Einleitung und Überblick. In: Flick, Uwe; von Kardorff, Ernst; Steinke, Ines (Hrsg.): Qualitative Forschung. Ein Handbuch. Hamburg: rowohlts enzyklopädie. S. 13–29.

Gröning, Katharina (2011): Pädagogische Beratung. Konzepte und Positionen. 2., akt. u. überarb. Aufl. Wiesbaden: VS Verlag für Sozialwissenschaften.

Helming, Elisabeth; Bovenschen, Ina; Spangler, Gottfried; Köckeritz, Christine; Sandmeir, Gunda (2011): Begleitung und Beratung von Pflegefamilien. In: Kindler, Heinz; Helming, Elisabeth; Meysen, Thomas; Jurczyk, Karin (Hrsg.): Handbuch Pflegekinderhilfe. 2. Aufl. München: Deutsches Jugendinstitut e.V. S. 448–478.

Helming, Elisabeth; Wiemann, Irmela; Ris, Eva (2011): Die Arbeit mit der Herkunftsfamilie. In: Kindler, Heinz; Helming, Elisabeth; Meysen, Thomas; Jurczyk, Karin (Hrsg.): Handbuch Pflegekinderhilfe. 2. Aufl. München: Deutsches Jugendinstitut e. V. S. 524–560.

Institut für soziale Arbeit e. V.; Deutscher Kinderschutzbund Landesverband NRW e. V.; Bildungsakademie BiS (2012): Zehn Empfehlungen zur Ausgestaltung der Rolle der Kinderschutzfachkraft nach §§ 8a Abs. 4, 8b Abs. 1 SGB VIII und § 4 KKG. In: Institut für soziale Arbeit e. V.; Deutscher Kinderschutzbund Landesverband NRW e. V.; Bildungsakademie BiS (Hrsg.): Die Kinderschutzfachkraft – eine zentrale Akteurin im Kinderschutz. Broschüre. Münster. S. 12–28.

Institut für soziale Arbeit e. V.; Deutscher Kinderschutzbund Landesverband NRW e. V.; Bildungsakademie BiS (Hrsg.) (2012): Die Kinderschutzfachkraft – eine zentrale Akteurin im Kinderschutz. Broschüre. Münster.

Jordan, Erwin (1996): Situation und Perspektiven in der Pflegekinderarbeit. In: Gintzel, Ulrich (Hrsg.): Erziehung in Pflegefamilien. Auf der Suche nach einer Zukunft. Münster: Votum Verlag. S. 14–38.

Jordan, Erwin (2002): Indikation zur Vollzeitpflege/Pflegefamilie. In: Fröhlich-Gildhoff, Klaus (Hrsg.): Indikation in der Jugendhilfe. Grundlagen für die Entscheidungsfindung in Hilfeplanung und Hilfeprozess. Weinheim und München: Juventa Verlag. S. 93–101.

Jugendamt Landeshauptstadt Düsseldorf (2013): Konzeption. Vollzeitpflege in Verwandtenpflegefamilien und Netzwerkpflegefamilien. URL: http://www.moses-online.de/files/Konzept%20Verwandtenpflege%20D%C3%BCsseldorf.pdf [Zugriff am 27.05.2015].

Katzenstein, Henriette (2014): Von der Sorge zur Verantwortung – die Vormundschaft ist in Bewegung. In: Das Jugendamt. Heft 12/2014. S. 606–610.

Kindler, Heinz (2014): Kinderschutz in Pflegefamilien. In: Pfad. Fachzeitschrift für Pflege- und Adoptivkinderhilfe, Jg. 28 Heft 3, S. 17–18.

Kindler, Heinz; Helming, Elisabeth; Meysen, Thomas; Jurczyk, Karin (Hrsg.) (2011): Handbuch Pflegekinderhilfe. 2. Aufl. München: Deutsches Jugendinstitut e. V.

Kreische, Reinhard (2008): Objektwahl. In: Mertens, Wolfgang; Waldvogel, Bruno (Hrsg.): Handbuch psychoanalytischer Grundbegriffe. 3., überarb. u. erw. Aufl. Stuttgart: Verlag W. Kohlhammer. S. 529–532.

Küfner, Marion; Helming, Elisabeth; Kindler, Heinz (2011): Umgangskontakte und die Gestaltung von Beziehungen zur Herkunftsfamilie. In: Kindler, Heinz; Helming, Elisabeth; Meysen, Thomas; Jurczyk, Karin (Hrsg.): Handbuch Pflegekinderhilfe. 2. Aufl. München: Deutsches Jugendinstitut e. V. S. 562–612.

Mayring, Philipp (2010): Qualitative Inhaltsanalyse. In: Flick, Uwe; von Kardorff, Ernst; Steinke, Ines (Hrsg.): Qualitative Forschung. Reinbek bei Hamburg: Rowohlt Taschenbuch Verlag. S. 468–475.

Mayring, Philipp; Brunner, Eva (2010): Qualitative Inhaltsanalyse. In: Friebertshäuser, Barbara; Langer, Antje; Prengel, Annedore (Hrsg.): Handbuch qualitative Forschungsmethoden in der Erziehungswissenschaft. Weinheim und München: Juventa Verlag. S. 323–333.

Mertens, Wolfgang; Waldvogel, Bruno (Hrsg.) (2008): Handbuch psychoanalytischer Grundbegriffe. 3., überarb. u. erw. Aufl. Stuttgart: Verlag W. Kohlhammer.

Müller, Burkhard (1985): Die Last der großen Hoffnungen. Methodisches Handeln und Selbstkontrolle in sozialen Berufen. Weinheim und München: Juventa Verlag.

Müller, Burkhard (2009): Sozialpädagogisches Können. Ein Lehrbuch zur multiperspektivischen Fallarbeit. 6. Aufl. Freiburg im Breisgau: Lambertus-Verlag.

Münder, Johannes; Meysen, Thomas; Trenczek, Thomas (Hrsg.) (2013): Frankfurter Kommentar zum SGB VIII. Kinder- und Jugendhilfe. 7. Aufl. Baden-Baden: Nomos Verlagsgesellschaft.

Münstermann, Klaus (2013): Kindeswohl und Pflegefamilie. Der doppelte Schutzauftrag. Ibbenbüren: Klaus Münstermann Verlag.

Pierlings, Judith (2011): Dokumentation Leuchtturm-Projekt Pflegekinderdienst. LVR-Landesjugendamt Rheinland (Hrsg.). URL: https://www.uni-siegen.de/pflegekinder-forschung/research/files/leuchtturmprojekte.pdf [Zugriff am 19.10.2015].

Pierlings, Judith; Schäfer, Dirk (2011): Verwandtenpflege. In: Pierlings, Judith: Dokumentation Leuchtturm-Projekt Pflegekinderdienst. LVR-Landesjugendamt Rheinland (Hrsg.). S. 43–49.

Reimer, Daniela; Wolf, Klaus (2008): Partizipation der Kinder als Qualitätskriterium der Pflegekinderhilfe. Expertise für das Projekt „Pflegekinderhilfe in Deutschland", durchgeführt vom Deutschen Jugendinstitut e. V., München (DJI) und vom Deutschen Institut für Jugend und Familie, Heidelberg (DIJuF). URL: http://www.dji.de/fileadmin/user_upload/pkh/reimer_wolf_partizipation.pdf [Zugriff am 18.06.2015].

Ristau-Grzebelko, Brita (2011): Adoption und Pflegschaften. In: Otto, Hans-Uwe; Thiersch, Hans (Hrsg.): Handbuch Soziale Arbeit. Grundlagen der Sozialarbeit und Sozialpädagogik. 4., völlig neu bearb. Aufl. München Basel: Ernst Reinhardt Verlag.

Schrapper, Christian (2013): Betreuung des Kindes Anna. Rekonstruktion und Analyse der fachlichen Arbeitsweisen und organisatorischen Bedingungen des Jugendamts der Stadt Königswinter im Fall „Anna". In: Das Jugendamt. Heft 01/2013. S. 2–15.

Schrapper, Christian (2014): Öffentliche Erziehung an privaten Lebensorten? Zur Hilfeplanung in der Arbeit mit Pflegefamilien. In: Pflegekinder. Heft 2/2014. Berlin.

Simon, Sabine (2014): Vormundschaft für Kinder, die in Pflegefamilien leben. Eine Herausforderung für alle Beteiligten. In: Das Jugendamt. Heft 12/2014. S. 610–615.

Stemmer-Lück, Magdalena (2004): Beziehungsräume in der Sozialen Arbeit. Psychoanalytische Theorien und ihre Anwendung in der Praxis. Stuttgart: Kohlhammer Verlag.

Strauß, Bernhard (2008): Bindung. In: Mertens, Wolfgang; Waldvogel, Bruno (Hrsg.): Handbuch psychoanalytischer Grundbegriffe. 3., überarb. u. erw. Aufl. Stuttgart: Verlag W. Kohlhammer. S. 101–105.

Thrum, Kathrin (2007): Ergebnisse der Pflegekinderfallerhebung des DJI. München: Deutsches Jugendinstitut.

Weigand, Wolfgang (Hrsg.) (2012): Philosophie und Handwerk der Supervision. Gießen: Psychosozial-Verlag.

Wiemann, Irmela (2010): Verwandtenpflege als Hilfe zur Erziehung nach § 33 SGB VIII. Ausführungen aus psychologischer Sicht für das Sozialpädagogische Fortbildungsinstitut Berlin-Brandenburg. URL: http://www.irmelawiemann.de/dl/dl.pdfa?download=SPFBB-Verwandtenpflege-Wiemann.pdf [Zugriff am 07.03.2015].

Wolf, Klaus (2013): Was leisten Pflegefamilien für unsere Gesellschaft? Was können Soziale Dienste für Pflegefamilien leisten? In: Das Jugendamt. Heft 06/2013. S. 303–307.

Wolf, Klaus u. a. (2012): Erklärung der „Forschungsgruppe Pflegekinder" der Universität Siegen zum Tod des Pflegekindes Chantal in Hamburg. URL: https://www.uni-siegen.de/pflegekinder-forschung/home/files/erklaerung-zu-chantal.pdf [Zugriff am 07.11.2014].

Anhang

Auf folgende Gesetze wird im Text verwiesen (vgl. BMJV & juris):

Sozialgesetzbuch (SGB) – Achtes Buch (VIII) – Kinder- und Jugendhilfe –
(Artikel 1 des Gesetzes v. 26. Juni 1990, BGBl. I S. 1163)

§ 8a Schutzauftrag bei Kindeswohlgefährdung

(1) Werden dem Jugendamt gewichtige Anhaltspunkte für die Gefährdung des Wohls eines Kindes oder Jugendlichen bekannt, so hat es das Gefährdungsrisiko im Zusammenwirken mehrerer Fachkräfte einzuschätzen. Soweit der wirksame Schutz dieses Kindes oder dieses Jugendlichen nicht in Frage gestellt wird, hat das Jugendamt die Erziehungsberechtigten sowie das Kind oder den Jugendlichen in die Gefährdungseinschätzung einzubeziehen und, sofern dies nach fachlicher Einschätzung erforderlich ist, sich dabei einen unmittelbaren Eindruck von dem Kind und von seiner persönlichen Umgebung zu verschaffen. Hält das Jugendamt zur Abwendung der Gefährdung die Gewährung von Hilfen für geeignet und notwendig, so hat es diese den Erziehungsberechtigten anzubieten.

(2) Hält das Jugendamt das Tätigwerden des Familiengerichts für erforderlich, so hat es das Gericht anzurufen; dies gilt auch, wenn die Erziehungsberechtigten nicht bereit oder in der Lage sind, bei der Abschätzung des Gefährdungsrisikos mitzuwirken. Besteht eine dringende Gefahr und kann die Entscheidung des Gerichts nicht abgewartet werden, so ist das Jugendamt verpflichtet, das Kind oder den Jugendlichen in Obhut zu nehmen.

(3) Soweit zur Abwendung der Gefährdung das Tätigwerden anderer Leistungsträger, der Einrichtungen der Gesundheitshilfe oder der Polizei notwendig ist, hat das Jugendamt auf die Inanspruchnahme durch die Erziehungsberechtigten hinzuwirken. Ist ein sofortiges Tätigwerden erforderlich und wirken die Personensorgeberechtigten oder die Erziehungsberechtigten nicht mit, so schaltet das Jugendamt die anderen zur Abwendung der Gefährdung zuständigen Stellen selbst ein.

(4) In Vereinbarungen mit den Trägern von Einrichtungen und Diensten, die Leistungen nach diesem Buch erbringen, ist sicherzustellen, dass

1. deren Fachkräfte bei Bekanntwerden gewichtiger Anhaltspunkte für die Gefährdung eines von ihnen betreuten Kindes oder Jugendlichen eine Gefährdungseinschätzung vornehmen,

2. bei der Gefährdungseinschätzung eine insoweit erfahrene Fachkraft beratend hinzugezogen wird sowie

3. die Erziehungsberechtigten sowie das Kind oder der Jugendliche in die Gefährdungseinschätzung einbezogen werden, soweit hierdurch der wirksame Schutz des Kindes oder Jugendlichen nicht in Frage gestellt wird.

In die Vereinbarung ist neben den Kriterien für die Qualifikation der beratend hinzuzuziehenden insoweit erfahrenen Fachkraft insbesondere die Verpflichtung aufzunehmen, dass die Fachkräfte der Träger bei den Erziehungsberechtigten auf die Inanspruchnahme von Hilfen hinwirken, wenn sie diese für erforderlich halten, und das Jugendamt informieren, falls die Gefährdung nicht anders abgewendet werden kann.

(5) Werden einem örtlichen Träger gewichtige Anhaltspunkte für die Gefährdung des Wohls eines Kindes oder eines Jugendlichen bekannt, so sind dem für die Gewährung von Leistungen zuständigen örtlichen Träger die Daten mitzuteilen, deren Kenntnis zur Wahrnehmung des Schutzauftrags bei Kindeswohlgefährdung nach § 8a erforderlich ist. Die Mitteilung soll im Rahmen eines Gespräches zwischen den Fachkräften der beiden örtlichen Träger erfolgen, an dem die Personensorgeberechtigten sowie das Kind oder der Jugendliche beteiligt werden sollen, soweit hierdurch der wirksame Schutz des Kindes oder des Jugendlichen nicht in Frage gestellt wird.

Sozialgesetzbuch (SGB) – Achtes Buch (VIII) – Kinder- und Jugendhilfe – (Artikel 1 des Gesetzes v. 26. Juni 1990, BGBl. I S. 1163)

§ 27 Hilfe zur Erziehung

(1) Ein Personensorgeberechtigter hat bei der Erziehung eines Kindes oder eines Jugendlichen Anspruch auf Hilfe (Hilfe zur Erziehung), wenn eine dem Wohl des Kindes oder des Jugendlichen entsprechende Erziehung nicht gewährleistet ist und die Hilfe für seine Entwicklung geeignet und notwendig ist.

(2) Hilfe zur Erziehung wird insbesondere nach Maßgabe der §§ 28 bis 35 gewährt. Art und Umfang der Hilfe richten sich nach dem erzieherischen Bedarf im Einzelfall; dabei soll das engere soziale Umfeld des Kindes oder

des Jugendlichen einbezogen werden. Die Hilfe ist in der Regel im Inland zu erbringen; sie darf nur dann im Ausland erbracht werden, wenn dies nach Maßgabe der Hilfeplanung zur Erreichung des Hilfezieles im Einzelfall erforderlich ist.

(2a) Ist eine Erziehung des Kindes oder Jugendlichen außerhalb des Elternhauses erforderlich, so entfällt der Anspruch auf Hilfe zur Erziehung nicht dadurch, dass eine andere unterhaltspflichtige Person bereit ist, diese Aufgabe zu übernehmen; die Gewährung von Hilfe zur Erziehung setzt in diesem Fall voraus, dass diese Person bereit und geeignet ist, den Hilfebedarf in Zusammenarbeit mit dem Träger der öffentlichen Jugendhilfe nach Maßgabe der §§ 36 und 37 zu decken.

(3) Hilfe zur Erziehung umfasst insbesondere die Gewährung pädagogischer und damit verbundener therapeutischer Leistungen. Sie soll bei Bedarf Ausbildungs- und Beschäftigungsmaßnahmen im Sinne des § 13 Absatz 2 einschließen.

(4) Wird ein Kind oder eine Jugendliche während ihres Aufenthalts in einer Einrichtung oder einer Pflegefamilie selbst Mutter eines Kindes, so umfasst die Hilfe zur Erziehung auch die Unterstützung bei der Pflege und Erziehung dieses Kindes.

Sozialgesetzbuch (SGB) – Achtes Buch (VIII) – Kinder- und Jugendhilfe – (Artikel 1 des Gesetzes v. 26. Juni 1990, BGBl. I S. 1163)

§ 33 Vollzeitpflege

Hilfe zur Erziehung in Vollzeitpflege soll entsprechend dem Alter und Entwicklungsstand des Kindes oder des Jugendlichen und seinen persönlichen Bindungen sowie den Möglichkeiten der Verbesserung der Erziehungsbedingungen in der Herkunftsfamilie Kindern und Jugendlichen in einer anderen Familie eine zeitlich befristete Erziehungshilfe oder eine auf Dauer angelegte Lebensform bieten. Für besonders entwicklungsbeeinträchtigte Kinder und Jugendliche sind geeignete Formen der Familienpflege zu schaffen und auszubauen.

**Sozialgesetzbuch (SGB) – Achtes Buch (VIII) – Kinder- und Jugendhilfe –
(Artikel 1 des Gesetzes v. 26. Juni 1990, BGBl. I S. 1163)**

§ 34 Heimerziehung, sonstige betreute Wohnform

Hilfe zur Erziehung in einer Einrichtung über Tag und Nacht (Heimerziehung)
oder in einer sonstigen betreuten Wohnform soll Kinder und Jugendliche durch
eine Verbindung von Alltagserleben mit pädagogischen und therapeutischen
Angeboten in ihrer Entwicklung fördern. Sie soll entsprechend dem Alter und
Entwicklungsstand des Kindes oder des Jugendlichen sowie den Möglichkeiten
der Verbesserung der Erziehungsbedingungen in der Herkunftsfamilie

1. eine Rückkehr in die Familie zu erreichen versuchen oder
2. die Erziehung in einer anderen Familie vorbereiten oder
3. eine auf längere Zeit angelegte Lebensform bieten und auf ein selbständiges
   Leben vorbereiten.

Jugendliche sollen in Fragen der Ausbildung und Beschäftigung sowie der allgemeinen Lebensführung beraten und unterstützt werden.

**Sozialgesetzbuch (SGB) – Achtes Buch (VIII) – Kinder- und Jugendhilfe –
(Artikel 1 des Gesetzes v. 26. Juni 1990, BGBl. I S. 1163)**

§ 37 Zusammenarbeit bei Hilfen außerhalb der eigenen Familie

(1) Bei Hilfen nach §§ 32 bis 34 und § 35a Absatz 2 Nummer 3 und 4 soll darauf
     hingewirkt werden, dass die Pflegeperson oder die in der Einrichtung für die
     Erziehung verantwortlichen Personen und die Eltern zum Wohl des Kindes
     oder des Jugendlichen zusammenarbeiten. Durch Beratung und Unterstüt-
     zung sollen die Erziehungsbedingungen in der Herkunftsfamilie innerhalb
     eines im Hinblick auf die Entwicklung des Kindes oder Jugendlichen vertret-
     baren Zeitraums so weit verbessert werden, dass sie das Kind oder den Jugend-
     lichen wieder selbst erziehen kann. Während dieser Zeit soll durch begleitende
     Beratung und Unterstützung der Familien darauf hingewirkt werden, dass
     die Beziehung des Kindes oder Jugendlichen zur Herkunftsfamilie gefördert
     wird. Ist eine nachhaltige Verbesserung der Erziehungsbedingungen in der
     Herkunftsfamilie innerhalb dieses Zeitraums nicht erreichbar, so soll mit den
     beteiligten Personen eine andere, dem Wohl des Kindes oder des Jugendlichen
     förderliche und auf Dauer angelegte Lebensperspektive erarbeitet werden.

(2) Die Pflegeperson hat vor der Aufnahme des Kindes oder Jugendlichen und während der Dauer des Pflegeverhältnisses Anspruch auf Beratung und Unterstützung; dies gilt auch in den Fällen, in denen für das Kind oder den Jugendlichen weder Hilfe zur Erziehung noch Eingliederungshilfe gewährt wird oder die Pflegeperson nicht der Erlaubnis zur Vollzeitpflege nach § 44 bedarf. Lebt das Kind oder der Jugendliche bei einer Pflegeperson außerhalb des Bereichs des zuständigen Trägers der öffentlichen Jugendhilfe, so sind ortsnahe Beratung und Unterstützung sicherzustellen. Der zuständige Träger der öffentlichen Jugendhilfe hat die aufgewendeten Kosten einschließlich der Verwaltungskosten auch in den Fällen zu erstatten, in denen die Beratung und Unterstützung im Wege der Amtshilfe geleistet wird. § 23 Absatz 4 Satz 3 gilt entsprechend.

(2a) Die Art und Weise der Zusammenarbeit sowie die damit im Einzelfall verbundenen Ziele sind im Hilfeplan zu dokumentieren. Bei Hilfen nach den §§ 33, 35a Absatz 2 Nummer 3 und § 41 zählen dazu auch der vereinbarte Umfang der Beratung der Pflegeperson sowie die Höhe der laufenden Leistungen zum Unterhalt des Kindes oder Jugendlichen. Eine Abweichung von den dort getroffenen Feststellungen ist nur bei einer Änderung des Hilfebedarfs und entsprechender Änderung des Hilfeplans zulässig.

(3) Das Jugendamt soll den Erfordernissen des Einzelfalls entsprechend an Ort und Stelle überprüfen, ob die Pflegeperson eine dem Wohl des Kindes oder des Jugendlichen förderliche Erziehung gewährleistet. Die Pflegeperson hat das Jugendamt über wichtige Ereignisse zu unterrichten, die das Wohl des Kindes oder des Jugendlichen betreffen.

Sozialgesetzbuch (SGB) – Achtes Buch (VIII) – Kinder- und Jugendhilfe – (Artikel 1 des Gesetzes v. 26. Juni 1990, BGBl. I S. 1163)

§ 44 Erlaubnis zur Vollzeitpflege

(1) Wer ein Kind oder einen Jugendlichen über Tag und Nacht in seinem Haushalt aufnehmen will (Pflegeperson), bedarf der Erlaubnis. Einer Erlaubnis bedarf nicht, wer ein Kind oder einen Jugendlichen

1. im Rahmen von Hilfe zur Erziehung oder von Eingliederungshilfe für seelisch behinderte Kinder und Jugendliche auf Grund einer Vermittlung durch das Jugendamt,
2. als Vormund oder Pfleger im Rahmen seines Wirkungskreises,
3. als Verwandter oder Verschwägerter bis zum dritten Grad,

4. bis zur Dauer von acht Wochen,
5. im Rahmen eines Schüler- oder Jugendaustausches,
6. in Adoptionspflege (§ 1744 des Bürgerlichen Gesetzbuchs)

über Tag und Nacht aufnimmt.

(2) Die Erlaubnis ist zu versagen, wenn das Wohl des Kindes oder des Jugendlichen in der Pflegestelle nicht gewährleistet ist. § 72a Absatz 1 und 5 gilt entsprechend.

(3) Das Jugendamt soll den Erfordernissen des Einzelfalls entsprechend an Ort und Stelle überprüfen, ob die Voraussetzungen für die Erteilung der Erlaubnis weiter bestehen. Ist das Wohl des Kindes oder des Jugendlichen in der Pflegestelle gefährdet und ist die Pflegeperson nicht bereit oder in der Lage, die Gefährdung abzuwenden, so ist die Erlaubnis zurückzunehmen oder zu widerrufen.

(4) Wer ein Kind oder einen Jugendlichen in erlaubnispflichtige Familienpflege aufgenommen hat, hat das Jugendamt über wichtige Ereignisse zu unterrichten, die das Wohl des Kindes oder des Jugendlichen betreffen.

Bürgerliches Gesetzbuch (BGB)

§ 1666 Gerichtliche Maßnahmen bei Gefährdung des Kindeswohls

(1) Wird das körperliche, geistige oder seelische Wohl des Kindes oder sein Vermögen gefährdet und sind die Eltern nicht gewillt oder nicht in der Lage, die Gefahr abzuwenden, so hat das Familiengericht die Maßnahmen zu treffen, die zur Abwendung der Gefahr erforderlich sind.

(2) In der Regel ist anzunehmen, dass das Vermögen des Kindes gefährdet ist, wenn der Inhaber der Vermögenssorge seine Unterhaltspflicht gegenüber dem Kind oder seine mit der Vermögenssorge verbundenen Pflichten verletzt oder Anordnungen des Gerichts, die sich auf die Vermögenssorge beziehen, nicht befolgt.

(3) Zu den gerichtlichen Maßnahmen nach Absatz 1 gehören insbesondere

1. Gebote, öffentliche Hilfen wie zum Beispiel Leistungen der Kinder- und Jugendhilfe und der Gesundheitsfürsorge in Anspruch zu nehmen,
2. Gebote, für die Einhaltung der Schulpflicht zu sorgen,

3. Verbote, vorübergehend oder auf unbestimmte Zeit die Familienwohnung oder eine andere Wohnung zu nutzen, sich in einem bestimmten Umkreis der Wohnung aufzuhalten oder zu bestimmende andere Orte aufzusuchen, an denen sich das Kind regelmäßig aufhält,

4. Verbote, Verbindung zum Kind aufzunehmen oder ein Zusammentreffen mit dem Kind herbeizuführen,

5. die Ersetzung von Erklärungen des Inhabers der elterlichen Sorge,

6. die teilweise oder vollständige Entziehung der elterlichen Sorge.

(4) In Angelegenheiten der Personensorge kann das Gericht auch Maßnahmen mit Wirkung gegen einen Dritten treffen.

Bürgerliches Gesetzbuch (BGB)

§ 1793 Aufgaben des Vormunds, Haftung des Mündels

(1) Der Vormund hat das Recht und die Pflicht, für die Person und das Vermögen des Mündels zu sorgen, insbesondere den Mündel zu vertreten. § 1626 Abs. 2 gilt entsprechend. Ist der Mündel auf längere Dauer in den Haushalt des Vormunds aufgenommen, so gelten auch die §§ 1618a, 1619, 1664 entsprechend.

(1a) Der Vormund hat mit dem Mündel persönlichen Kontakt zu halten. Er soll den Mündel in der Regel einmal im Monat in dessen üblicher Umgebung aufsuchen, es sei denn, im Einzelfall sind kürzere oder längere Besuchsabstände oder ein anderer Ort geboten.

(2) Für Verbindlichkeiten, die im Rahmen der Vertretungsmacht nach Absatz 1 gegenüber dem Mündel begründet werden, haftet der Mündel entsprechend § 1629a.

Bürgerliches Gesetzbuch (BGB)

§ 1800 Umfang der Personensorge

Das Recht und die Pflicht des Vormunds, für die Person des Mündels zu sorgen, bestimmen sich nach §§ 1631 bis 1633. Der Vormund hat die Pflege und Erziehung des Mündels persönlich zu fördern und zu gewährleisten.

Désirée Frese, Christina Günther

Willkommensbesuche für Neugeborene

Konzepte, Erfahrungen und Nutzen

2013, 314 Seiten, br., 29,90 €, ISBN 978-3-8309-2689-4
E-Book: 26,99 €, ISBN 978-3-8309-7689-9

Im Rahmen des Ausbaus früher Hilfen haben viele Kommunen in den letzten Jahren Willkommensbesuche für Neugeborene eingeführt. Hierbei handelt es sich um Babybegrüßungsdienste, in denen kommunale Vertreter/innen die Familie in ihrem häuslichen Umfeld besuchen, das neugeborene Kind willkommen heißen und die Eltern über familienrelevante Themen und Angebote informieren. Da diese Besuche ein neues Angebot der Jugendhilfe darstellen, fehlen bisher Informationen zur Verbreitung, zu den unterschiedlichen Organisationsformen und zum Nutzen des Angebotes. Diese offenen Fragen wurden im Rahmen des Praxisentwicklungsprojektes „Aufsuchende Elternkontakte: Konzeptionen, Ziele, Wirkungen" aufgegriffen, das das Institut für soziale Arbeit e.V. 2010 bis 2012 durchführte. Die Publikation gibt einen Überblick über die Verbreitung des Angebotes in Nordrhein-Westfalen und informiert über typische Besuchsvarianten und Ergebnisse zu Nutzen und zur Zufriedenheit mit den Willkommensbesuchen aus Sicht der Eltern und Fachkräfte. Darüber hinaus werden Gelingensbedingungen und Handlungsempfehlungen zur Durchführung von Willkommensbesuchen formuliert.

www.waxmann.com

Johannes Münder, Angela Smessaert

Frühe Hilfen und Datenschutz

2009, 122 Seiten, br., 16,90 €, ISBN 978-3-8309-2235-3
E-Book: 13,40 €, ISBN 978-3-8309-7235-8

Da im Bereich der Frühen Hilfen mit vertraulichen Daten umgegangen wird, gelten für die Kommunikation zwischen den einzelnen Leistungs- und Hilfeanbietern auf diesem Sektor strenge gesetzliche Vorschriften. Die rechtlichen Grundlagen bewegen sich auf dem schmalen Grat zwischen informationeller Selbstbestimmung und notwendiger Transparenz.

Die Autoren befassen sich mit den Grundlagen des Datenschutzes, den Regelungen in den Bereichen Kinder- und Jugendhilfe, im Gesundheits- und im Schulwesen sowie mit den Bestimmungen des Bundesdatenschutzgesetzes. Randziffern erleichtern das Auffinden weiterführender Informationen innerhalb des Buches; und am Beispiel laufender Projekte wird die Umsetzung der datenschutzrechtlichen Regelungen in der Praxis dargestellt. Ein Verzeichnis verweist zudem auf Kommentare zu einzelnen Gesetzbüchern sowie auf weitere nützliche Publikationen zu den Bestimmungen in den unterschiedlichen Bereichen.

www.waxmann.com